世界平和実現のために

新・般若心経

伊藤恒寧
Ito Tsuneyasu

たま出版

般若心経――仏陀となるための悟りの智慧の経典――によって、宇宙と人間の真理を知る。
人間一人ひとりが煩悩を掴まず、執着せず、意識を神・仏の御心である愛、調和、平和に向け、平和の祈りの実践を通して、神・仏の光によって煩悩が浄化され、内在している神性、仏性が蘇り、私たちは神・仏そのものとなって、人間世界に愛、調和、平和がおとずれる。

はじめに

野に咲く花々は、彼らが持つ固有の美しさを惜しげもなく披露しながら、誰に自慢するでもなく咲ききって、天命をまっとうしています。公園や道端に咲いている花もまた同じように、誰に褒められることがなくても咲いて、見る者の心を色とりどりに癒してくれます。

もし、この世界にこうした美しい花が存在しなかったらどうでしょう。さぞ殺伐とした世界が広がることでしょう。

大地も、山も、川も、海も、自然の姿を美しくあらわしています。地球の生態系をうまく調和させ、生命を滞りなく循環させているのです。自然はすべての生きものに恵みを与え、育み、すべての生きものは生かされ、その恩恵を受けています。自然界はけっして対立した存在ではなく、お互いに呼応し、調和しているのです。そして、私たちを生かしてくれる自然は、人智を超えた偉大なるエネルギーによって生かされています。

しかし、人類が誕生し文明が進歩した今日の地球の姿はどうでしょう。生命にとって調和のとれた豊かな環境とはとてもいえないのではないでしょうか。人々が暮らす大都市においてすら、私たちはとてつもない異常気象を経験することが増えてきました。

日本の夏の気温は地域によっては四十度を超え、世界では四十五度を超えるところもあるほどです。普通に暮らすにも、働くにも困難な環境になっていると言わざるをえません。想像をはるかに超える豪雨や、巨大ハリケーン、巨大台風による被害も増えています。一つところで豪雨の被害が出たと思えば、別のところでは砂漠化が拡大し、食糧危機に直面しているといったありさまです。自然が牙をむき、これまでの私たちの認識を超えた脅威を見せているのです。

豊かさを求め、とにかく物質優先の人間は、有限な資源をさも無限であるかのように消費して、利用しつくしてきました。広大な森林を伐採して、自然の生態系のバランスを壊したこともそうです。自然の自己治癒力を超えた破壊が、人間の手によってもたらされてきたわけです。今日にいたるまで、人間は、地球からただ資源を奪ってきました。いえ、それどころか、使い終わった後の有害化した廃棄物をためらいもなく捨て、地球をゴミ箱のように扱ってきました。奪い、捨てるという身勝手なことをしてきたのは、人間のほうなのです。

今日の地球環境の悪化は、その行為が報いとなって、人間に返ってきているのだと言えるでしょう。

これまで、私たちは、地球や自然に感謝をあらわしたことがあったでしょうか。

人間は、己の満足のために、欲望のまま傲慢に行動したり、他人を己の尺度によって区別し差別したりしてきました。また、他人に対する理不尽な怒りや、不平不満、恨み、憎しみ、不信感、保身などのさまざまな理由で、簡単に対立し争いを起こし、互いに傷つけあってきました。そうしてまた、自国の利益や覇権のために、他国の損害や人々の死をもかえりみず、戦争まで起こしてきました。そして、その戦争で勝つために、殺傷能力、破壊能力の高い武器を開発し、核兵器までをも生み出してしまいました。

欲望に満ち、争いに満ちた人間の世界。こうした世界をつくってしまう欲望、怒り、憎しみ、不安、恐怖、差別、不信感、権力欲など、さまざまな想いを仏教でいう煩悩というならば、人間は煩悩の塊なのでしょうか。だとすると、人間は救われない存在なのでしょうか。

そうであってはならないはずです。人間の存在価値は確かにあるはずです。

花は、それぞれに固有の美しさで咲ききり、花の使命を果たしています。人間もまた、そうであるはずなのです。

人間は、なぜ煩悩に振り回され、他人をいとも簡単に恨み、対立し、争うのでしょうか。

そうした醜い行為は、人間が掴んでいる煩悩によって生じさせられているのです。けっして人間の本質から発する行為ではありません。煩悩は人間を誤った方へ導いてしまいます。

煩悩を掴み執着していると、煩悩に支配され、煩悩から抜け出せなくなります。煩悩から抜け出すには、人間の本質を知らなくてはなりません。煩悩は人間の本質ではないこと、煩悩から真逆な、神・仏の御心——すなわち、愛、調和、平和、善、美が真の自分であると理解する必要があります。

そのうえで、愛、調和、平和、善、美の実現を願い、実践し、努力することが大切です。

しかし、愛、調和、平和、善、美を思っても、人間というものは次から次へと煩悩がよぎり、その煩悩を掴んでは執着し、振り回されてしまうものです。欲望や保身の気持ちなどによって、善よりも悪のほうを選んでしまうのです。それが肉体にとらわれた肉体人間なのです。

では、人間の本質を知り、煩悩を掴まず、執着することなく、思いや言動を煩悩から、神・仏の御心である愛、調和、平和、善、美そのものに変容するためにはどうしたらいいのでしょうか。

神・仏のように生きるための道標《みちしるべ》として、お釈迦様の教えがあります。

お釈迦様は、約二千五百年前のインドに誕生したシャカ一族の王子で、名をゴータマ・シッダールタといいます。お釈迦様は、この世の生老病死の苦しみや、欲望、憎しみ、差別、対立、争いといった、人間をわずらわせ、苦しめ、悪を選択させる煩悩から解脱し、悟りの境地に至りました。ゴータマ・シッダールタという肉体人間から、悟りを得て神・仏と一体となり、仏（仏陀）となったのです。

その、仏となるための教えのひとつ『般若心経』に、私たちは人間の真理と、煩悩から抜け出すための仏の智慧を見出すことができるのです。

本書では、般若心経を通して、宇宙の真理、人間の真理を知り、煩悩からの解脱の智慧の根幹をわかりやすく紐解いていきます。私たちが日常において平易にできる神・仏の御心、世界平和の実現に貢献できる実践を明らかにします。

その実践を通して、煩悩を掴まず、執着せず、みずからの業や想念を浄化し、それぞれに内在している神性、仏性を蘇らせれば、神・仏のように愛深き人間に変容できます。

私たちが少しでも神・仏に近づき、私たちの子供や孫、遠い子孫のその先の代までも、地球が永遠に平和になるよう、切に願って著しました。

目次

第一章
人類の歴史

争いの歴史

地球上に人類の祖先とされるホモサピエンスがあらわれてから、二十万年が経つといわれています。これは、地球の四十六億年の歴史から見ればほんの最近のことで、地球環境において、人類が住みやすい環境が整ったということを意味する出来事でもありました。

やがて、地球にあらわれた人類が、狩猟採集社会から、一定の土地に居住し農耕をはじめたのが、約一万年前のことです。人類は、穀物の育つ豊かな土地と農耕生活を支えてくれる羊、山羊、豚、牛などの動物がいる地域に定住し、村落をつくり、集団社会を営むようになりました。その代表的な地域が、人類が農耕生活をはじめた最初の地域の一つ、中東のユーフラテス川とティグリス川にうるおされた肥沃なメソポタミアの三日月地帯です。

人類は、農耕により大地の恵みを得て、家畜に助けられることで、彼らに生かされてきました。人間は創造力という特性を持っていますから、農耕や牧畜を発達させることで生活に豊かさを生み出し、何千年もかけて文明や文化を進歩、発展させたのです。そのあいだに、人類は人口の増加とともに、村落から大規模集落、都市、国へと、人間の住む器を大きく広げていきました。

この事実だけを見ると、いかにも人間同士が協力しあい、創造しあい、多種多様な人々が調和し、天上界のように美しい世界を創造してきたかのように思えますが、実際はそうではありません。

美しい地球に存在していたにもかかわらず、人間はまるで悪魔の子のように、無慈悲に振る舞ってきたのです。同じ人間に対してのその振る舞いは、目を覆いたくなるようなものでした。神の子である人間同士が、相手から富を奪い、自由を奪い、私利私欲に邁進し、相手のことをかえりみず、己の欲望を満足させるために、力や武力で相手を傷つけ殺しあってきたのです。

権力者の欲望や利益優先で世界が動き、王朝や国家間の絶え間ない抗争や帝国による支配の拡大のために戦いがくり広げられてきました。

権力拡大のための覇権争いは、欲望に支配された人間の醜さをあらわしています。勝者は敵対者から富や資源を略奪するばかりでなく、敗者を奴隷として扱い、人間の自由を奪い、支配しました。

豊かさへの飽くなき欲望は地球上の多くの地域へと広がり、力によって地球上の多くの民族や地域が支配されました。人間の限度を知らない欲望のために、戦いは地球規模へと拡大されていきました。

世界は神そのもの、すなわち、愛、真、善、美、調和、平和であるのに、勢力争いの世界では周囲はすべて敵となり、時代が移り変わっても、戦いの終わりが見えない負の連鎖が続いています。

人間同士の争いはなくならず、文明や文化が時代とともに進歩、発展していくと、科学の進歩や技術力の向上によって、さらに殺傷能力の高い武器がつくられ、それによってより多くの犠牲者が出て、人間の業が深まったのです。

歴史上、いちじるしい科学の進歩や産業の発達を迎えると、人間の性は、軍事力の強化へと人類を導いてしまうのです。

殺傷能力、破壊能力の高い武器を量産することで、世界はますます覇権争いの脅威が高まり、多くの国々を巻き込んだ世界大戦が二度にわたって勃発してしまいました。人間のつくった武器によって、多くの若者や人々が戦争の犠牲となったのです。

こうして、戦争の悲惨さ、人間の醜さを経験し、武器の破壊力を、身をもって体験することになったにもかかわらず、人間のマイナス要因として培われた人間の性は、時とともに戦争の惨さを忘れ、対立や利害関係などによって、話しあいでの解決がなされなくなると、力による方法、すなわち戦争を選んでしまうのです。

世界大戦で、人間は科学の力を悪用し、想像を絶する惨たらしい殺傷能力を持つ武器——火炎放射器、毒ガス、絶対悪である核兵器など——をつくり、使用してきました。

人間の権力への欲望や、偏見、差別が、戦争などの混乱時に力を得て、これまで何百万、何千万人という罪のない人々を大量虐殺に巻き込み、無慈悲に命を奪ったのです。

人間の欲望は、神性を覆い、人間を悪魔のごとくに変貌させ、残虐な行為を平気でおこなわせてしまいます。さらに権力は、本来自由で、平等であるべき人間を、支配者と被支配者の層に分けてしまいます。

それらが引き起こす戦争は、人間を、相手のことをかえりみず、虫けらのように殺害してしまう存在へと変貌させてしまいます。敵対意識は、人間から道徳心を奪い、無慈悲な行為へと駆り立てていくのです。

農耕をはじめたころは、人々は生きるために皆で懸命に働き、将来にわたって生活が安定し、子孫が繁栄することを願ったはずです。まさか、豊かさを求め続けたなかで、欲望や保身などにより人間同士が争いを繰り返す世のなかになるとは思わなかったでしょう。

しかし実際には、古代から現代にいたるまで、人間は同胞同士の戦いを繰り返してきました。今日までに何人殺害されたのか、想像もつきません。しかも、科学が進歩すればするほど、武器は惨たらしい殺傷能力を持つようになり、大量の死者を出していくのです。

現在も、人種、民族、宗教、宗派などの異なるグループ間の衝突、人間の命の尊さをかえりみないテロ行為、紛争などが世界各地で起きていて、流血の惨事が後を絶ちません。

今なお軍事開発は進んでおり、それは宇宙空間をも視野に入れたものになっています。自国の主張を国際社会に通そうとして、秩序を不安定にする動きもあります。人類の覇権欲はいまだになくならないのです。

人類の歴史は、一面においては人間同士の争いの歴史、かつ、殺傷能力の高い武器の開発の歴史といっても過言ではないでしょう。

今日の我々の社会は、世界的規模の不安要因を抱え、解決への糸口や光が見えない状況です。これまでの人間の愚かな行為——すなわち、権力欲、私利私欲、保身を最優先し、他国の人々のことをかえりみず、力による解決として戦争を選んでしまうという行為は、共存共栄から真逆の、不調和で、力が支配する対立構造をつくりあげてしまいました。

このままでは、人間の業の渦巻く世界が、我々の子供や孫、子孫へと負の遺産として受け継がれてしまうでしょう。人間の業の深さにつくづく嫌気がさすとともに、子供や孫、子孫に申しわけがないという思いがつのるのは、私ばかりではないでしょう。

無限の、生命あふれる広大な宇宙を考えた時、地球は太陽系のなかでもハビタブルゾーンと呼ばれる生命に適した環境に位置し、とても生きやすい環境に置かれています。これは、生命にあたえられた恩恵といえるでしょう。人間は、地球に生かしてもらっているのに、生命あふれる自然を破壊するだけにとどまらず、人間同士でも対立し、争っているのです。

地球への感謝の心を忘れ、己の欲望を満足させるために限りある貴重な資源を地球から奪い、神の御心である愛、調和、平和、善、美と真逆の行動をしてきたのです。神や自然への感謝の気持ちを忘れた人間の行き先は、いったいどうなるのでしょうか。

他の人や他の国を支配したり、己の権力を拡大するための軍事力の開発は進んでいるものの、人類の平和のための歩みはなかなか進んでいないのが現状です。

歴史上、人間が無慈悲な戦いに明け暮れ、道徳心が消えて、世のなかが退廃している時、人々を救うために、キリストや仏陀などの聖者、覚者があらわれてきました。彼らは、神の愛、光、仏の慈愛、慈悲で人々を照らし、地球が地獄とならないように、神・仏のはからいであらわれたのです。しかし、神・仏の御心を知らず、いぜんとして人間は、対立や争いを今日まで繰り返し続けています。

これまでの人間同士の対立、戦い、物質優先による自然環境の破壊行為の歴史は、結果として人間の心や地球にダメージをあたえ、愛のない不調和な人間社会や、地球規模の異常気象をもたらしています。

人間の行為は、安全で、安心して暮らすことを否定する結果として、人間自身に返ってきているのです。自分から出たものは自分に返ってくるという、宇宙の法則の通りになっています。

人間の文明と精神面の進歩は反比例をなしています。文明は日進月歩で、大きく進歩、飛躍していますが、人間社会の調和や平和への実現の光はいまだに見えていません。文明による武器の進歩は、地球の生態系をも破壊してしまうほどの規模になっていて、宇宙空間さえも戦争に利用するようになっています。宇宙を人間の業で汚してしまう危険も現実のものになろうとしています。

ですが、人間は、対立し、争いあうことから脱却し、調和し、一つになれるはずです。なれないはずがありません。私は、心の奥底からそう言えるのです。なぜなら、我々は、人間だからです。私たち自身がその答えを持っているからです。私は確信しているのです。真実の世界は神そのものであり、愛、真、善、美、調和、平和です。人間の生きる世界はそもそも平和なのです。

私たちの子、孫、子孫のために、また、これまでさまざまな争いのなかで犠牲になった、数えきれないほどの人々の死を無駄にしないためにも、愛にあふれ、調和した、平和な地球を実現し、未来に残したいと心の底から切に願うのです。

争いの種

人々はなぜ争わなければならないのでしょう、同じ人間なのに――。

どんな時代でも、国と国との争い、民族同士の争い、主義主張からの争い、私利私欲からの争い、恨みからの争い、また、保身からの争い、仕事や社会での些細なことからの争いなどが、人間がいるところには起きてしまいます。人間同士の争いは後を絶ちません。

そうした人間の愚かさを如実にあらわすひとつに、宗教の違いによる争いがあります。それぞれの信仰している神は、決して隣人と争いなさいと言ってはいません。神は愛であるがゆえに、神のもとでの争いはないからです。

自分の信じる神が唯一の神だと主張して、相手の神を認めず、自分の信仰を押し付けたり、比較し優劣をつけたりすると、お互いに憎しみあい、宗教対立が起きてしまいます。どうみても、本当の信仰とかけ離れています。

人が集まり集団を形成すると、保身により人よりも優位に立ちたいという思いがはたらき、人間同士の力関係ができます。そこに、憎しみや恨み、人を否定する感情が生まれ、身勝手な私利私欲や権力欲から対立や闘争心が生まれて、簡単に争いが起きてしまうのです。

人間の本質とは何なのでしょうか。善なのか悪なのか。人間は、肉体をまとっているがゆえに、善と悪が混沌としているのでしょうか。肉体があるために、そこから生じる欲望や怒り、憎しみ、不安などさまざまな想いに支配されてしまうのでしょうか。薬物や、アルコール、ギャンブルなどがその人を支配してしまうように、肉体の欲望からは逃れられないのでしょうか。

保身による地位欲や名誉欲、己を満足させるための金銭欲や権力欲、人との比較で生じる差別や嫉妬、人の言動に対して生じる怒り、憎しみ、恨みなどの否定的な感情、老いや病の苦しみ、死への不安、恐れ……そうした欲望やさまざまな想いは、仏教では「煩悩」と呼んでいます。

この煩悩の姿は、人間の明るい善なる姿とはいえないでしょう。

では、煩悩が本来の自分であり、人間の本質なのでしょうか。けっしてそうではありません。しかし、人間は肉体をまとっているために、煩悩に支配されると、煩悩が自分であると錯覚してしまうのです。

煩悩に支配されると、私利私欲などの欲望が肥大化し、欲望が人間の愛を覆い、他の人との対立や争いなどといった悪が容易に生まれます。このことが国家の規模になると、国と国との対立や争いにつながり、戦争が起こります。

狩猟社会から、食料などを豊かに手に入れられる定住型農耕社会に移行すると、人間の持つ他人をかえりみない私利私欲や権力欲が、対立や戦いを引き起こしてきました。それは、調和ではなく争いの業として、現代まで脈々と続いています。

これからも、人類は争いという闇の世界に進むのか、それとも、光の世界へ舵を切れるのか。いま、大事な岐路に立っているのです。

人間は、自由で平等のはずです。しかし、争いによって他人から富や自由を奪い、人を支配して格差を生じさせ、暗い闇の世界をつくってきました。

人間は、己の欲望を満足させるために、人のことをかえりみず権力を手に入れようとし、自分の都合のよいように、善よりも悪を選んでしまうのです。その結果として、調和や平和から真逆の争いを起こしてしまいます。

煩悩が争いの種となってしまうのです。煩悩によって、人間は有史以来、対立や争いを、個人、民族、国レベルで繰り返してきました。

人間の起こす殺戮や戦争という無慈悲な行為によって、心に憎しみや恨みなどの深い傷を残し、そのマイナスのエネルギーが次の負のスパイラルとなって、無益で、悲惨な争いが繰り返されてきたのです。

人間の飽くなき豊かさへの欲望は、物質優先の想いによる自然環境の破壊を起こしてしまいました。地球に住みづらくなってきていると実感する昨今の異常気象の原因は、人と自然との関係が不調和となっているからにほかなりません。

人間はその欲望を、地球から限りある資源を奪い、際限なく使うことで満足させています。それなのに、人間は地球や自然から受け取る恩恵への感謝を忘れています。

否定的で破壊的な、己さえよければいいという身勝手な行動を解決しようとするでもなく、感謝もないまま、人間はこのまま、欲望のブレーキのきかない最悪の状況へと進んでいくのでしょうか。

感謝のないところには、繁栄も発展もなく、ただ自滅へと向かうだけで、神の愛や光は差し込みません。神のエネルギーがさえぎられてしまうからです。感謝こそ、破壊を止めるブレーキです。

人間がこれまで起こしてきた同胞同士の終わりの見えない対立や争い、豊かさを求めた物質優先の環境破壊行為は、心の休まらない人間同士の不調和として、また、平穏な暮らしを困難にする異常気象として、私たちに返ってきています。

私たちは今、煩悩に支配された人間の世界観から抜け出す時を迎えています。価値観、生き方を変える時がきているのです。物の豊かさこそ安心であり、幸せであるという物質至上主義から、人間の神性、仏性の世界へと、次元上昇の扉が開こうとしています。煩悩に支配された世界から、神性、仏性の世界へ舵を切る時がきているのです。

人間がこのまま煩悩による争いの歴史を続ければ、人類も地球も滅亡し、破壊へと行きつくことでしょう。そうなれば、宇宙もまた大変な迷惑をこうむることになります。なぜなら、宇宙は繋がって調和しているからです。地球からの不調和の負のエネルギーを宇宙へ放出し、宇宙の調和を乱すようなことは、絶対に避けなくてはなりません。

対立や争いは人間の煩悩から生まれます。煩悩に支配されなければ、争いは起きません。

人間は、煩悩の塊なのでしょうか。いいえ、人間の本質は煩悩ではありません。

では、人間の本質とは何でしょうか。

人間には、神性、仏性があります。すなわち、人間の本質は神・仏そのものなのです。

この人間の真理を説いたのが、お釈迦様です。今から約二千五百年前のインドの覚者、シャカ族の王子、ゴータマ・シッダールタが悟りに到達して、仏陀となりました。

人間は仏（仏陀）であると、身をもって顕現したのです。このことは、般若心経のなかに、人間の真理として生きています。般若心経は仏陀となる智慧なのです。

第二章

宇宙からの視点

国際宇宙ステーションから見た地球

地球上空四百キロメートルは、国際宇宙ステーションが地球を周回している「宇宙の渚」ともいえる場所です。そこから見える地球は生きていて、円く青く広がり、とても美しい姿をしています。

宇宙の渚から見える地球は、国と国との国境もなく、差別もなく、争いもなく、生命豊かな、丸く調和したひとつの惑星として存在しているように見えます。

それなのに、実際の人間世界では、地上からせいぜい二メートル程度の背丈の高さで、保身や不信感にまみれ、己の欲望を満たそうとして相手をかえりみず平気で傷つけたり、支配したり、物質至上主義に立って豊かさを求めては争いを繰り広げています。

なんという閉塞的な世界で、出口の見えない、神の光や慈愛の見えない空間でうごめきあっているのでしょう。もちろん、人類はこれまでにすばらしい芸術、文学、医学、科学、技術などを進歩、発展させてきましたが、精神面を置き去りに、物質面の方が日進月歩の勢いで進歩してきてしまいました。人間の精神面と物質面の発達には、大きなアンバランスが生じているのです。

人間はこれまで、同じ人間であるのに、他人と比較して他人を差別し、見下し、相手の人間性を否定しては、相手の自由や人権をかえりみず、平気で人を支配したり、傷つけたりしてきました。

人と人とが、不調和で醜い行為を地上で繰り広げてきたわけです。これらの行為は、人間が勝手につくり出してきたことです。あたかも人間の敵が人間であるかのように、争いが繰り返されてきました。

何千年にもわたる人間の欲望、保身、差別、怒り、憎しみ、それによる対立や争いといった醜い姿、不調和の行為は、美しい地球とかけ離れたものですが、人間の意識に深く刻まれてしまったのです。

そして、物質が豊かさをもたらす、という歯止めのきかない物質至上主義は、地球の自然環境を破壊し、自然生態系に大きなダメージを与えることとなってしまいました。

自然に対する人間の身勝手な行為は、自然を支配でき、自由に扱うことができ、欲しいものは手に入れられるという人間の傲慢さをあらわしています。これは、人と自然との調和とは真逆な行為です。

自然への不調和の思いと行為は、美しい生命豊かな母なる大地に住まわせていただいている、という感謝の気持ちがなく、母に抱かれた赤子のような素直な気持ちが欠如している振る舞いでしかありません。赤子が母親に全託し、母親と一体になっているのとはかけ離れた姿です。地球（海、大地、山、水、空気、鉱物、動植物、生きものすべて）に感謝すべき心が自然に湧き起こらず、まるで地球を自分の所有物であるかのようにみなした振る舞いといえます。

宇宙から見れば、地球も砂一粒ほどの大きさでしょう。そこに生きている人間は、その存在がわからないほどの小ささです。その人間同士がお互いの私利私欲、差別、怒り、恨みなどのさまざまな想い（煩悩）で対立しているとは――終わりの見えない争いが何のためになるのでしょう。何の価値があるというのでしょうか。人間がこんな存在であり続けるなら、人間の存在する意味はないでしょう。

国際宇宙ステーション（宇宙の渚）から見れば、地球はあくまでも青く、美しい、生命豊かな、一つの球状の母なる惑星です。人間の心のように、いびつな、ゆがんだ状態ではなく、国境もない、調和した美しい姿をしています。地球という借りものに住まわせてもらっている人間だけが、地球に感謝せず、調和できず、お互いに憎しみ、不信感を持って、対立や争いといった不調和な姿をあらわしているのです。

今の人類は、あたかも物質の豊かさが己の幸せかのように錯覚していますが、己の欲望を満足させる物質優先の考えは、自然環境に対する破壊行為をもたらしただけです。いまや自然環境は自浄能力を超えるほどのダメージを受け、自然循環の不調和を生じさせてきています。

地球は生命体なのです。

母と赤子の一体となった関係のように神と人間が一体となった関係は、煩悩が人間を支配しているうちは、人間の心から湧き上がってこないでしょう。

人間は、己の外（物質）に目を向け続けて、内にある愛、真、善、美、調和、平和という神・仏の種（神性・仏性）に気づかずに今日までできています。もっとも、これまでに聖人、覚者があらわれ、真理を語り、人類を導いてきてはいますが、今もって人類のベクトルは神の御心よりも煩悩を掴んでいるのが現状です。

現代は幸いにも宇宙から地球を見ることができます。地球を一つの調和した存在として見ることができる時代です。人間は本来、争う存在ではありません。人間の真の姿、人間の本質に気づく時がきているのです。

宇宙は調和している

無限の広がりを見せている宇宙――その空間に、想像を超えた数の星々や銀河、星雲、物質、エネルギーが存在しています。それらの星や銀河は多種多様ですが、それぞれが単独でバラバラに存在しているのではなく、まとまった群れ、集団となっていきます。そして、そこでは新しい生命（原始星）をも生み出しています。そういった意味で、宇宙は生命あふれる世界なのです。

私たちの住む天の川銀河は数千億個の星々からなっていますし、宇宙には数兆個もの銀河が存在していると言われています。それらは、私たちには想像もつかないほどの数であり、想像もつかないほどの広大な空間です。

それら無数の星々は孤立した存在ではなく、一つの集団としてまとまって銀河を形成しています。それぞれの銀河もバラバラに存在するのではなく、一つの銀河群、銀河団をなしています。私たちの天の川銀河も、局部銀河群という、大小五十個程度で構成された銀河集団の一員です。

銀河内には、多様な星、星雲、チリなどが存在しています。寿命を迎えた星が爆発を起こすと、その爆発の際にチリや元素が周囲に放出され、周囲の濃いガスのなかで、それらを材料に星が誕生しています。銀河にはただの破壊はありません。それぞれが多様性のなかで調和し、新しい生命（原始星）が誕生し、成長しているのです。

銀河同士の衝突においても、その衝突によってガスやチリが濃縮された場所から、新たな星が次々に生まれています。銀河の衝突は破壊ではなく、若返りでもあり、衝突と合体を繰り返すことで、より大きな銀河へと成長しています。

夜、星空を見上げると、なんと多くの星や銀河を見ることができることか。今日、地球からこんなにもにぎやかな生命あふれる星空を見られるとは、幸運な時代に誕生したものだ、と感謝をおぼえるのは私だけではないでしょう。

私たちがにぎやかな宇宙を見る時は、孤独を感じず、宇宙と繋がっている喜びを感じる瞬間です。なんとありがたいことでしょう。宇宙に感謝し、宇宙から恩恵を受けていることを再認識できます。謙虚さ、真摯な気持ちを持つことが大事です。

銀河にはハビタブルゾーンと呼ばれる、宇宙のなかでも地球に似た、生命が育まれるのに最適なゾーンがあります。太陽系は天の川銀河のハビタブルゾーンに位置しており、太陽系内では、金星、地球、火星が、太陽系のハビタブルゾーンに位置しています（もっとも広い推定値による）。このことは偶然とはいえないでしょう。生命誕生の最適な環境に存在しているというのは、なんとありがたいことでしょうか。

無限に広がる宇宙には、膨大な数の多様な星々、銀河、星雲などが存在し、そこには、たえず新たな生命（星）が誕生し、成長しています。

宇宙のあらゆる物質やエネルギーは、生命誕生と調和と発展に不可欠な存在なのです。

宇宙では喧嘩はできません。相手を殴ろうと加えた力が反対方向にも作用し、殴った本人もその力を受け、反対方向に飛ばされるのです。これは宇宙の法則です。自分から出たものは、自分に返ってくるのです。

宇宙の多様性には、対立、破壊はありません。多様性のなかに調和が存在し、調和することで生命のエネルギーが生まれます。宇宙は、多様性が調和した、生命あふれる存在です。多様性のなかにこそ、生命の限りない、生き生きとしたエネルギーを生む源があります。宇宙の姿は破壊ではなく、調和と発展なのです。

調和が宇宙の真実、真の姿であり、調和なくして宇宙は存在しません。多様性の調和のなかにこそ、豊かな生命を育むエネルギーが存在します。

しかし、いまだに人間だけが、宇宙の多様性の調和という真実から外れ、多様性を認められずにいます。不信感、保身、私利私欲、権力欲、憎しみなどによって、対立し、争いあっています。煩悩に翻弄され、宇宙の真理、人間の本質に気づかないままです。

宇宙には、多様な星々、星雲、ガス、銀河、物質、エネルギーなどが存在し、それぞれが異なりますが、調和して、生かしあっています。地球も宇宙の一員ですから、地球という惑星自体も調和していなければ、宇宙の調和した運行に乗れません。地球上において、人間が不調和な世界をつくっているのです。

地球から宇宙に不協和音を発することは、宇宙の調和の妨げとなります。まして、人間が地球を破壊したとなれば、負のエネルギーが宇宙に放たれることになって、宇宙の調和の運行に悪影響を与えることになるでしょう。

地球も人類も宇宙の一員なのですから、調和しなければ存在できないのです。まず人類が調和し、地球から調和の波動を宇宙に放出し、宇宙の調和に貢献しなければなりません。これこそが人類の使命なのです。

第三章

人類は皆繋がっている

多種多様な民族の存在意義

人類の人種民族の多様性は、宇宙の多種多様の星々、多彩な銀河の姿を反映しています。

もし、地上に単一民族のみが存在していたならば、現代のように人類が進歩、発展したでしょうか。閉塞的で、行き詰まって、自然消滅したかもしれません。異なるものがないと刺激も起こらず、新たな発想なども起きないからです。

幸いにも、私たちには多くの異民族の交わりがありました。その交流によって、食文化、芸術などの文化面や、医療、科学、技術などの文明が発展し、人々に豊かさをもたらしてきたのです。

しかし、反面、人間の愚かさ（煩悩）ゆえに、異なることで対立や、争いが起きています。

人間は、それぞれの環境に適応し、生き抜き、発展してきました。熱帯雨林から砂漠、高山帯からツンドラ地帯、温帯、亜熱帯、寒帯などに及ぶ、さまざまな地域に適合したのです。そして、地域特有の環境を利用して定住し、文化や文明を発展させてきました。農耕の出現もまた人類の目覚ましい発展に繋がりました。

人間は、異なる地域に住み、その地域に住むために最適な風習や慣習を生み、固有の文化を育ててきました。食文化がそうであるように、それぞれの地域で生み出された文化は、多様性に富んでいるのです。

それぞれの民族の基礎となる文化は、すべての人間が尊重し、尊重されなくてはいけません。それらの文化が、民族のアイデンティティーとなっているからです。

千差万別の環境に暮らし、生存するにあたり、人間は土地にあう最適な食べ物をつくり出してきました。ペルーではジャガイモやトマト、メキシコではトウモロコシなどです。それらが、人々の食文化に大いに貢献し、命を救ってきました。今では、それらの食べ物は世界の共有財産として食され、世界の食文化に溶け込み、調和しています。

こうした多種多様な文化、文明が、人々の交流のもとでその恩恵を与え、多種多様な人種民族の交わりが人々を救い、おのおのの文化、文明を発展させてきました。言語、風習、宗教、文化、肌の色などの違いは、とりもなおさず、その民族がその土地に住むための最適なかたちに変化した証です。変化の結果、その地域が、そこに住む人々のハビタブルゾーンとなっているのです。

しかし、人類の煩悩ゆえに、多様性の交流が負の遺産をもたらしてしまったことは否定できません。私利私欲によって、力で相手から富や資源などを奪うばかりではなく、相手の自由をも奪い支配してきました。争いのなかで、異なる言語、宗教などを尊重せず、自分たちの言語や宗教に変えさせたりするなど、不調和な行為を重ねたのです。これは人類の犯した大きな間違い、調和という宇宙の法則に反する行為です。

現在、自らがおこなってきた行為が、自分たちに返ってきています。難民、テロ行為、宗教対立、内戦、民族紛争、戦争につながる国同士の摩擦や覇権行為などといった国際問題がそれです。自分から出たものは自分に返って来るのが、宇宙の法則です。

私たちは、自国民族だけの繁栄を守ろうとしたり、他をかえりみず差別したりといった、力で傷つけ支配し、調和を欠くような行為をやめなければなりません。不調和の行為をこのままに放置していると、自分たちを傷つけ、取り返しのつかないことになってしまうでしょう。

地上のすべての人々は繋がっています。共存、共栄のための調和の交流にこそ発展があります。自国のみを最優先し、他をかえりみないという我欲から離れ、調和の交流、繋がりを最優先すべき時がきています。そのことを肝に銘じて、同じ過ちを繰り返さないことが、子孫のための明るい未来を創造することになるのです。

不調和のところに愛はありません。本来、多様な人々の交流は、進歩、発展をもたらすものです。そのための大前提が調和であり、調和の根底は愛に支えられています。同胞への対立、憎しみ、恨み、怒りから争いが生じれば、行きつく先は自らを消滅させる行為となるでしょう。不調和は、私たちが自身の存在を否定するのと同じです。

多種多様な交流は、一人ひとりの自由と人権の尊重の上に成り立つものでなければなりません。そのことが、一人ひとりの創造力を豊かにし、文化、文明、精神面の豊かな進歩、発展へと繋がる保証となります。独裁者による自由、人権の剥奪の上には、けっして成り立たないものなのです。

宇宙の調和のように多様な人間が調和し、自然とも調和し、それぞれが生かしあうことで、豊かな生命、文化、文明が育まれ、無限に成長していく道を歩みだす扉が開かれていきます。

地球も、宇宙の運行にあわせる時がきたのです。宇宙の流れに乗り遅れてはいけません。

調和のカギは、愛と感謝です。愛と感謝のもとにすべてが調和していくのです。人間一人ひとりは根底で繋がっています。その繋がりを確かなものにするのが、一人ひとりの愛と感謝です。

お互いの違いの尊重や交流が、人間の可能性、創造性を豊かにし、生命がより生き生きとなり発展する土台になるのですから、お互いの影響によって、生命を生かしているともいえます。多様性のなかにこそ発展があるのです。

膨大な数の星、銀河、星雲、ガス、チリ、物質、エネルギーでできた宇宙のように、それぞれが繋がり、新たな星を生み、生き生きと生命あふれる、調和した宇宙そのもののようになりましょう。それが、地上における理想の人類の姿なのです。

己の欲望、私利私欲のために人と対立し、人から奪うのではなく、宇宙の調和と発展のように違いを尊重し、調和のもとで新たな創造力を育み、無限なる進歩、発展をなしとげましょう。他の人々の自由や人権を尊重し、煩悩を出さず、愛を出して、相手を生かし繋がることで、さらなる進歩、発展が起きます。

宇宙が調和の見本です。調和のないところには発展はなく、自然消滅があるのみです。

地球の多種多様な人種、民族は、繋がり調和しなければならない性質、特質を持っています。分け与え、助けあう、共存、共栄の調和をあらわしているのです。地球、人類は宇宙の一員であって、宇宙という調和のもとに存在しているからです。

だからこそ、人類の進歩、発展は、宇宙の進歩、発展に繋がっていきます。地球から調和という新たなエネルギーが宇宙に放たれ、宇宙の進歩、発展に貢献するのです。

多種多様な宗教の存在意義

世界には数えきれないほどの数の宗教があります。では、そもそも宗教の意義とは何でしょうか。この根本のところを考えれば、宗教がなぜ発生し、今なお多様な宗教があるのか、おのずと理解できるはずです。

本来、宗教間の対立は存在しないはずです。なぜなら、宗教は神と人間とを結び付け、神の御心（愛・調和・平和）を知り、神の御心をあらわす人間となるためにあるからです。神に帰依し、神と一体となることが人間の姿です。

宗教の数だけ神は存在します。しかし、元はすべて一つの神から分かれているのであって、時代や人々、国や地域によって神の姿が異なってあらわれるだけです。人々の神への愛や思いによって、神の救済のあらわれ方が違うだけなのです。ゆえに、それぞれの神に優劣はなく、すべてが宇宙の根源の神に繋がっています。それぞれの宗教は神に近づく道であって、道はちがってもゴールは同じです。神に近づくこと、神と一体となることが目標なのです。

人類史上、宗教上の戦いは数多くありました。相手とその宗教を尊重できず、認められず、対立し争ってきました。神は、争いを起こすために人間に宗教をもたらしたのでしょうか。自分の宗教、自分の神が絶対唯一のものであるとして、他の宗教や神が偽物だとか、劣るものであると見下したり、他の宗教を弾圧したりすることを、はたして神は望んでいるのでしょうか。神の御心は、相手を自分たちの宗教に染めたいと望み、支配しようとするのでしょうか。

争いには、負のエネルギー、不協和音が生じます。しかし、神とはそもそも愛です。人々の生きるエネルギーの源です。

ですから、神は、人が争いあう不調和な状況を望んではいません。それなのに、人間側が勝手にそれぞれの宗教を比較、差別し、己の優位さをあらわすために身勝手に判断し、対立し、争ってきただけなのです。

神を信仰していると言いながら、神に近づききれず、神と一体になりきれずに、神の御心（愛・調和・平和）を体現できずに、肉体にまつわる煩悩に振り回されているのです。

そもそも、異なる時代、異なる地域や国、異なる人種、民族において、同じ宗教が誕生するのは不可能なことです。その地域や人々の状況、時代に合う宗教ができるのですから、それぞれの宗教は違って当たり前です。

宗教は、それぞれの心の安住の地です。人間が、神への帰依により神の御心（愛・調和・平和）を実践することによって、人間は神に近づき、この地上に神の国をつくることができるのです。

神は愛であり、人々の救済です。ゆえに、人間の神を求める心に応じて、姿、形を変えます。人間は神に感謝し、神と繋がることを望み、儀式や崇拝などがおこなわれます。

その国、民族、地域、人々にとっての神ですから、他の者に自分たちの神への信仰を強要するのはナンセンスです。民族、地域、環境、文化などのうえに成り立つ、その土地の人々にあった神、宗教なのですから。人々の、神に感謝し、繋がりたいという願いから、その土地の神があらわれています。

神は、人間の神を求める心に応じて、人々を救うために、多様なあらわれ方をします。ゆえに、異なる民族や地域の数だけ、神、宗教があることが自然であって、あたりまえなのです。

それぞれの人間が、それぞれの神を信仰するのは自然なことです。そして、それぞれの神は一つの神（大神様・宇宙神）から分かれてくるのですから、相手の神を尊重することは、自分たちの神を尊重することにも繋がります。

多様な民族、人々の存在が、多様な神やさまざまな儀式、偶像などの存在に繋がっています。これは、神に近づく道がそれぞれ異なっているからです。

人間が神を信じ、意識し、神や仏の偶像を崇拝し、自然を崇拝する行為そのものが、人間に、神性、仏性が内在している証です。だからこそ、神に感謝し、神に繋がりたいという願いが、自然に無意識にあらわれるのです。人間が神を求めるのは自然なことです。多種多様な民族や人々の数だけ、神がいることが自然であって、あたりまえなのです。ゆえに、人類がそれぞれの神を尊重することは、多様な異なる人々を尊重することにつながります。多様な異なる人々が対立せず、調和する姿が、多様な神々、宗教が対立せず、調和することに繋がるともいえます。

神は、愛、調和、平和ですから、異なる宗教の調和が神の御心です。

人間一人ひとりが、その神の御心をあらわすべきです。神々は、元は一つの神であり、そこから多様な神が分かれているのですから、神、宗教の違いによって人類が対立するのはおかしいのです。

煩悩の支配に打ち勝つには、神への帰依がなによりも大事なことです。

人類一人ひとりが、自分の内に神に近づきたいという欲求を持っています。それが、人間の真の姿です。一人ひとりが、内に神性、仏性を持っているからです。

多様な神々、宗教の存在は、人類の「神と繋がりたい」という願いをあらわしています。人間は、それだけ神に近づく道を持っているということになります。

一人ひとりが、多様な異なる神々、宗教の存在意義を知り、そこに視点を当てれば、多様で異なる神々の存在は対立や争いの火種とならず、自分たちの神が唯一絶対の神であるという考えも生じないでしょう。

自分たちの信仰する神が他よりも優れている、というような、傲慢な思いが生じるのであれば、人と比較し、差別し、優位に立ちたいという煩悩に支配されているのです。

これは、神の愛に目覚めておらず、すべての人々の生命も、自分の生命も、同じ一つの神から分かれていると思えず、あらゆる宗教が神に近づくものであると感じられず、煩悩が勝っている結果です。それを自覚することで、多様な神々や宗教は対立ではなく、尊重しあい、調和することに意義があるとわかるのです。

人間は、神に繋がりたいという願望のもと、それぞれの神、宗教が優劣なく存在し、それぞれの民族や人々の願いにあった神が存在しています。神と繋がりたいという思いは、人間の根源――すなわち、神性、仏性からの思いであり、人間に神性、仏性がある証です。神、宗教の存在は、神と繋がりたいという人間の願いの証なのです。

神、宗教は異なっても、神と繋がりたいという願いは同じです。人間に備わった神性、仏性の存在によって、神に繋がりたいという願いが自然にあらわれるからです。

宗教は神に近づく道ですから、多様な異なる宗教の存在は、すべての人間がそれぞれ、神に近づくための道を持っていることをあらわしています。これはとても喜ばしいことです。

多様な神々と宗教の尊重、調和が、人間の精神の向上につながり、神性、仏性をより素直にあらわすことになるのです。これこそが神に喜ばれる姿です。

しかし、人間は、自らの煩悩ゆえに、異なる宗教を否定してしまいがちです。今日の宗教の対立を見ればすぐにわかります。人類は、己の煩悩に支配され、真の宗教を体得できず、調和からほど遠いところにいます。

多様な人種、民族の人間同士がお互いに尊重しあい、それぞれの神、宗教をも尊重しあい、調和するためにも、人間は、神の分生命《わけいのち》（分霊《わけみたま》）であり、神性、仏性が内在していると強く自覚しなくてはなりません。異なる人々のそれぞれの宗教は神に近づく道であり、根源の神に帰着するものであると正しく知ることが、対立から調和へと到達する道となるのです。

人間の細胞は連携し、調和している

健康のためにおこなうことには、適度の運動や食事のコントロールなどがあげられますが、それ以上に、心と体の健康には、なによりも人と人との触れあい、コミュニケーションがよいと言われています。もちろん、触れあいにおいては、否定的な思いではなく、肯定的な思いを出すことが基本です。人に感謝する思いも大事です。

この平和な人間同士の姿は、人間が誕生し、狩猟時代から農耕時代を通して今日に至るまで、人間の人との協調、協働生活の上で一番大事なことでしょう。

集団生活においては、お互いに支え、支えられながら生きることが、人間の社会が進歩、発展する上で、欠くことのできない要素です。

人間は、一人では生きていけません。みな、何かしらの支えがあって生きています。厳しい自然環境のなかで生活するためには、他の人との協働や、支えあいが必要でした。どのような民族や人々であろうと、生きるために集団をつくって生活してきたのは疑いないことです。

人間は孤独な存在ではありません。人と人との触れあいのなかで喜びを感じ、思いやりや豊かな心が広がり、人間として社会人としての資質を養い、成長し、社会生活を営む大切さを学んでいきます。

人と人との触れあいの喜びのなかで、協力、助けあい、人のため社会のために役に立ちたい、という気持ちが自然に芽生えてきます。健全な集団、社会には、健全な人と人との触れあいの肯定的な活動エネルギーが生まれるのです。

村、町、都市、国という集団の単位は違っても、一人ひとりの自由や人権が保障されていることは言うまでもありません。人間は自由自在の存在であり、個性を持ち、自己も他者も影響しあい、創造力を発揮し、成長していく存在だからです。そのためにも、調和した平和な集団社会が必要になるのです。

人間の体は、約三十七兆の細胞でできていると言われています。しかし、それぞれの細胞がバラバラに存在しているのではなく、おのおのが各臓器や筋肉、血管、神経などの役割を担い、つながりあって一人の人間という個体をつくり上げています。

生命が誕生した時は一つであった受精卵が三十七兆の細胞へと分裂し、さまざまな器官を形成し、細胞が協働して人体を維持しているのは驚くべきことです。まるで、宇宙のビックバンのようです。人間の体が小宇宙と呼ばれるのも頷けます。

細胞は、臓器をつくり上げるばかりでなく、臓器ごとに連携しあい、体を整えるように、メッセージを送りあっています。たとえば、心臓の細胞から「疲れた」というメッセージの物質が放出されると、腎臓がそのメッセージを受け取り、余分な水分を排出し、心臓の負担を緩和します。

臓器同士が連携して、人体でネットワークをつくり、調和して働いているのです。三十七兆の細胞は、体という生命を維持するために、連携し協力しあい、歪みのない調和へと働いているのです。

調和が崩れるということは、臓器同士のコミュニケーションにおいて、過度なメッセージが送られるということです。そうなると、正しい働きができず病気になります。正しいメッセージが送られると、その臓器が正しい働きをなし、体が整ってきます。

つまり、細胞同士の連携が途絶えると、人間の体は病気となり、生命を保つことが困難になるのです。

人間の体のなかに、腸内細菌は約百兆個も生息していると言われています。そうした、我々の体に存在する細菌のなかには、外部から侵入してくる病原菌から守ってくれる働きをするものもあります。

多様な細菌の働きによって我々の体が維持されているともいえるのです。それらの働きもまた、共生し、協働して、我々の体を健康に保っています。

私たちの体は、何か一つのものが他を支配したり、コントロールしたりしていません。むしろ、一つのものが増殖して腸内細菌の状態が乱れれば、多様性が失われ健康を維持することができません。調和のためには多様性が必要ですし、多様性には調和が必要なのです。

人と人との触れあいがなければ、お互いの喜びも生じませんし、人の役に立っているという実感も生じません。人からの感謝も受け取れませんから、善なるエネルギーが得られなくなってしまいます。

喜びや、人からの感謝のなかにこそ、生きるエネルギーが生まれ、積極的な活動が生じます。感謝は愛です。感謝のあるところに、生きるエネルギーが生じます。

感謝を受けたものは、愛を受け、それによって喜びを感じ、生きがいを感じ、生きるエネルギーが高まり、細胞も活性化されます。それによって、積極的に肯定的に活動し、頑張ることができるのです。

積極的、肯定的で、調和のある人との触れあいには、気の流れがスムーズで、滞りがなく、淀みがありません。ゆえに、細胞が活性化され、健康につながり、やる気、意欲も高まります。

そのような場においてこそ、お互いの協力のもと、創造力のある、個性を発揮できる、望ましい社会集団が形成されるのです。

人と人との望ましい触れあいで、喜びや感謝の気持ちが生じ、その感謝の気持ちが、自分の体を形成し維持している細胞への感謝に繋がり、食べ物、水、空気、海、山、自然など、地球への感謝へと繋がっていきます。

感謝の相乗作用には、人間一人ひとりの想いの浄化にとどまらず、地球の生命の循環を浄化し、地球を蘇らせる働きがあります。なぜなら、地球は生きているからです。

人間の心から生じる感謝の光の波動が地球に伝わるからです。

自然への感謝によって、自然も癒され、応えてくれます。

人間の体への感謝、お互いへの感謝が、体や人との関係を整え、調和させることで、それが世界に伝播していくわけです。

感謝は、愛を相手に届ける働きをします。人と人との触れあいのなかに感謝や喜びのあるところには、愛の交流があります。体や細胞への感謝、自然への感謝にも、愛の交流があるのです。

愛の交流には、生命のエネルギーが躍動し、人から人、人から自然へと、愛を通して生命のエネルギーが広がっていきます。

人と人との交わりのなかで、感謝し、喜び、助けあい、協力することで、愛が交流し、生きるエネルギーが強くなり、躍動し、人々はより健康となるのです。

人と人との触れあいにおいて、喜び、感謝、助けあい、善、調和などの肯定的な思いは、生命エネルギーを高めます。けれど、差別、憎しみ、対立、不調和、争いなどの否定的な思いは、生命エネルギーを弱くします。

愛、感謝の交流は調和を生み、宇宙の根源からのエネルギーが魂に入りやすくなり、命が生き生きと躍動します。魂を覆っている煩悩が弱くなり、宇宙の根源の波動とあうようになり、宇宙の根源からのエネルギーを受け取りやすくなるからです。

本来人間は、調和が無意識に働くようになっています。それを阻んでいるのが煩悩です。

体や臓器などへの感謝は細胞が応えてくれて、体が自然と調和し、健康になっていきますし、人への愛、感謝は、人との調和が生じ、健全な人間社会が築かれていきます。これは、愛や感謝を通じて、神の光が入りやすくなっているからでもあります。

否定的な思いや言動は、煩悩が覆っているため、神の光が入りにくく、調和せず、健全な社会が築けず、健康な体も維持できません。

愛、感謝などの善なるエネルギーを出していきましょう。そうして、社会や体に調和を生じさせましょう。そうすれば、あなたを通して神の光が放出されます。そのような光明のある人が多くなればなるほど、世界は平和になっていくのです。

第四章

神性、仏性をあらわそう

人間に内在している神性、仏性を子供のように素直にあらわそう

乳幼児、とくに四歳までの子供は、生命力とエネルギーと光の塊です。光を発し、愛らしい笑顔、純粋な目で、その輝きは一点の曇りもありません。大好きな母親を絶対的に慕い、信頼し、全託しています。

肯定感にあふれ、一瞬一瞬に集中し、今をめいっぱい生きていて、己の行動に否定はありません。何でもできるという肯定で己の可能性を広げているのです。

赤ちゃんの存在は、周囲の大人たちに愛の光を発し、その場をなごませ、人々の心を癒す、愛おしいものです。赤ちゃんは、大人たちに愛の言葉を発させ、優しい行為をせざるを得ない気持ちにさせ、おのずと慈しみの気持ちを持たせます。大人たちは平和な気持ちになることでしょう。

乳幼児は子供同士で調和しています。違いに対して差別はなく、男女の性差についい

ても差別はなく、一緒に仲良く遊んで、今をめいっぱい生きています。

むろん、遊びにおいて、玩具において、我を通そうとすることもあるでしょう。しかし、いつまでも思いがそこにあるわけではなく、固執せず、譲りあっています。子供たちの遊びは、お互いにぎくしゃくとした関係はありません。喧嘩しても引きずることはなく、すぐに怒りの感情は消えて、対立もなく、お互いに繋がって調和しているのです。

乳幼児は、他との比較も差別もなく、怒り、憎しみなどの感情にとらわれず、固執せず、心は解放されていて、今を興味津津に、全身全霊で取り組んでいるのです。たとえ、辛いこと、嫌なことがあっても、いつまでも思いがそこに留まることはありません。過去にとらわれず、未来に思い迷わず、この瞬間を一生懸命生きています。喜びを持って、自分の可能性を楽しんでいるのです。まるで、自分の生きていることそのもの、生まれたことそのものを喜んでいるかのようです。

親たちや大人たちが喜ぶことを、自分の喜びのように感じているのです。

乳幼児は、欲望や憎しみ、不安などの煩悩は少なく、浅いのです。嫌なことや苦しいことがあってもそれに固執せず、掴まず、今、この瞬間を生きているので、神性、仏性を覆うものがありません。

乳幼児は、喧嘩や嫌なことなどをいつまでも掴まずに、その想いをすぐに解放し、いつでも今を興味津津に生きているのです。まるで、仏教でいう空の世界にいるようなものです。乳幼児は空の達人なのです。

人間には、神性、仏性があります。乳幼児は、煩悩が少ないので、内在している神性、仏性が、素直にあらわれやすいのです。明るく愛おしい笑顔、純粋な目を持っていて、光り輝き、周囲を明るく照らして、大人たちを平和な気持ちにさせています。乳幼児のなかに、煩悩ではなく、神性、仏性が見えるのです。

乳幼児の世界は、神の世界が広がっているともいえます。そして、大好きな母親に全託していて、母親からの愛を抵抗なく素直に受け取れる器があります。大人たちのように、欲望や怒り、憎しみ、恨み、不安、差別、対立などの想い――すなわち煩悩にあふれてはいません。

コップでいえば、ほとんど水が入っていない状態、空の状態であるので、母親からの愛が何の抵抗もなく、自然にスムーズに心に入っていくのです。だから、受け入れた愛を素直に返すことができるのです。母親からの愛を受け取り、素直に愛を返すことが自然にできているということです。母親と赤ちゃんのあいだには愛の交流があります。乳幼児は、神性、仏性が素直にあらわれているからこそ、母親からの愛を素直に直観的に受け取れるのです。

乳幼児と母親とは、母親の愛情と乳幼児の神性、仏性が呼応しています。神を信仰している者が神に全託しているのと同じです。神の響きを素直に受け取り、神と人間が一体となっているかのようです。

母親から降り注ぐ愛を、乳幼児はスムーズに受け入れています。私たちにも同じように神からの無償の愛が降り注いでいるのですが、大人は、みずからの煩悩が神性、仏性を覆っているために、神からの愛を感じられず、受け取れないでいます。そして、己の欲望想念に支配され、苦しんでいるのです。

煩悩に支配されると、己が最優先になり、物質欲の権化となり、私利私欲にとらわれてしまいます。心に愛を育てられず、物質のため、欲望のために他の人のことをかえりみなくなってしまうので、平然と悪の行為ができてしまいます。その最たるものが戦争です。

これは、神への全託ではなく、己の欲望へ全託している状態です。この状態の思い、言葉、行為は本来の人間のものではなく、神性、仏性のない、暗い煩悩のあらわれです。煩悩に執着しているために、神の無償の愛、光が差し込まず、内在している神性、仏性が蘇らず、煩悩に支配されたままです。

この状態のままでは、神性・仏性の輝きがないので、言動には神性からの愛を感じられません。煩悩に支配され、煩悩へ全託していると、その人間の判断は神性からの判断ではなくなり、煩悩（闇）からの判断となってしまい、愛の判断ができなくなります。神性、仏性こそが、善を極め、悪を見極めることができるのです。

みずからの欲望や怒り、憎しみ、不安、苦しみなどの煩悩に振り回されてはいけません。煩悩に支配されず、思いや言動に悪を出さず、神の御心（愛・調和・平和）を思い、言葉、行為にあらわすことで、人間の本来持っている神性や仏性が蘇ります。乳幼児のように素直に、内在している神性、仏性をあらわしましょう。そうすれば、私たちは真の姿を取り戻し、次元上昇を果たせるはずなのです。

人間に神性、仏性が内在していることを自覚しよう

人間の本質は神の分生命《わけいのち》であって、神性、仏性が内在し、神そのもの、仏そのものです。それを明らかにしたのはお釈迦様——約二千五百年前のインドのシャカ族の王子、ゴータマ・シッダールタです。修行によって悟りに到達し、仏（仏陀）となった人です。

肉体人間から仏陀となったお釈迦様が「肉体を持ち、さまざまな想い（煩悩）を持つ人間の本質が、神の分生命、霊魂であり、神性、仏性が内在し、神・仏そのものである」として、人間の真理を説いたものが『般若心経』です。般若心経は、仏陀となるための仏の智慧と真言の経典です。

しかし、肉体や欲望、憎しみ、恨み、不安、苦しみなどのさまざまな想い（煩悩）を掴み、執着し、それらに支配されている人間は、煩悩が自分であるかのように錯覚

してしまっています。私利私欲に陥り、対立し、お互いに住みづらい社会をつくり、戦争を引き起こす状態が自分だと思い、変えようとしないのです。

肉体が消滅したら心や霊魂も一緒に消滅するのでしょうか。だとすると、人間とは何なのでしょうか。五十年、八十年、百年しか生きることのできない、ただの肉体の命なのでしょうか。そのように考えたままでいると、人間は、生きているあいだはただ楽しく過ごしたり、お金のために生きたり、やりたいことをやって死んだ方がましだと、人のことをかえりみずに好き勝手に生きるようになってしまうでしょう。道徳や倫理のない、刹那的で、乱れた社会になることが容易に想像できます。

己の欲望を満足させるために他の人をかえりみない独裁者やテロリストがはびこり、力や恐怖で人を支配する社会となれば、人間の世界は地獄のようになってしまいます。

しかし、実際には自分のことを最優先にせずに、人のために尽くして一生を終わる人もいますし、神に全託して神の御心（愛・調和・平和）をあらわしながら一生を過ごす人もいます。

同じ人間なのに、ここまで違うのはなぜなのでしょう。

人間同士対立し、争いや戦争を起こす人間の存在がなくならないのはどうしてなのでしょう。このような人間の状況を神は望んでいるのでしょうか。神は何を待っているのでしょう。


欲望、怒り、憎しみ、苦しみ、不安などの否定的な想いに支配されると、神から遠く離れた生き方になります。逆に、愛、調和、善行などの肯定的な想いで生きれば、神に近づく生き方になります。

人はみな、否定的、肯定的の両面の想いを持っていて、肯定的か否定的かはそのときどきによって変わります。自己の都合のよい方に舵をとっているのです。

否定的な想いに支配されている人間が多くなり、世界の過半数を超えてしまったら、人間社会は生きながらの地獄の姿をなすことでしょう。

これまで幾度となく殺戮が繰り返され、殺傷能力の高い武器をつくるためにしのぎを削って開発し、二度にわたって世界大戦を引き起こした人間は、いまだに、宗教上の対立や紛争、テロ行為などをなくすことができないでいます。

こんな人類に対して、忍耐強く待ち続けてきた神の慈愛に感謝するばかりです。一歩間違えれば戦争となり、地球や人類が滅んでもおかしくなかったでしょうし、いまも危うさは続いています。

人間は、心の置き場所、レベルによって、悪となり善となりえます。固有の肉体をまとうことによって、体や欲望、憎しみ、不安などのさまざまな想い（煩悩）に支配されているかぎり、煩悩から抜けることはできません。

しかし、煩悩が自分であると錯覚してはいけません。憎しみが生まれれば、憎しみが憎しみを生むように、煩悩に支配されればされるほど、煩悩から抜けられなくなり、神から遠のいてしまいます。

人間の本質は、神の分生命、霊魂であり、神性、仏性が内在し、神・仏そのものです。これが人間の本質、真理なのです。人間の体や煩悩は、人間の本質ではありません。

それを示すように、歴史上あらわれた、アリストテレス、キリスト、仏陀、老子、マホメット、玄奘三蔵、空海、カント、ペスタロッチといった、人間の社会に光をあて、人々を神聖なる道へと導いてきた聖者、覚者、哲人、思想家、教育者たちは、自分、自我というものを掴まず、固執せず、煩悩を空として、苦しみ迷っている人々の救済や社会の善のために、愛、光、善、神性、仏性をあらわして活動しました。彼らは、神・仏そのものの人、菩薩行の人々です。

彼らは、煩悩に支配されず、内在している神性、仏性そのものをあらわし、神・仏の御心（愛、調和、平和）をあらわした存在です。人間の本質そのものの神人、仏として、この地球上において神の御心をあらわしてきたのです。闇を照らす光のような存在です。

歴史上の聖者、覚者は、人間の本質、真理を顕現しました。すなわち、神性、仏性の人、神・仏そのもの、神人、仏です。神我となって、神・仏そのものとして人間世界で人々を救済したのです。

こうした聖者、覚者のおかげで、人類の進むべき方向はぶれずに、神・仏の御心を保ってこれたのです。

私たちもまた、煩悩が少なければ少ないほど、善なることが多くなり、善人や聖人に近づけます。

人間の体や欲望、怒り、憎しみ、苦しみ、不安などのさまざまな想い（煩悩）は、肉体という衣をまとっていることから生じるため、避けがたいもののように感じてしまいます。しかし、聖者、覚者があらわしているように、人間の本質とは、神性、仏性が内在し、神・仏そのものですから、煩悩に執着せず生きる道が本来のものなのです。

神は、霊魂が肉体という器に宿ったことによって生じる欲望、怒り、苦しみなどのさまざまな想い（煩悩）が本来の自分ではなく、神性、仏性こそが自己であると、人間が気づくのを待っているのです。人間の本質は、肉体やさまざまな想い（煩悩）ではなく、神性、仏性が内在し神そのもの、仏そのものであると悟るのを待っているのです。

欲望、怒り、恨み、不安などの想い（煩悩）を掴まず、執着せずに、内在している神性、仏性を、自分の思い、言葉、行為にあらわし、人間本来の姿を体現していきましょう。

人間の個性が一人ひとり違うように、それぞれが負う使命も違っています。それぞれの立場、場所で、神性、仏性をあらわしながら生きるのが、人間の本来の姿です。地球上の人々が煩悩を掴まず、己に内在している神性、仏性を自覚し、それぞれの使命を果たせば、世界が神の光に満ち、大調和して、限りない発展を遂げることでしょう。そうすることによって、人間一人ひとりが神・仏に近づき、人間界が地獄の様相から、神・仏の世界へと次元上昇していくのです。

私たちは、物質優先の生き方、人間同士の争いの世界から抜け出して、神・仏の御心に近づき、愛を中心とした調和、平和の世界へと上昇するための入り口に立っています。

科学、医学、技術などの発展のみが人間の進歩なのではなく、物質界という波動の粗い世界から抜けだして、精神界という波動の細かな世界へと上昇し、神・仏の愛の光を受け入れ、みずから光をあらわす器になるということが、真の人間の進歩です。

そうなるためにも、煩悩は人間の真の姿ではないこと、人間には神性、仏性が内在していることを自覚し、神性、仏性をあらわすことが大切です。人間本来の姿をあらわすことが、神・仏に近づく第一歩となるのです。

神・仏は、人間が自身に内在している神性、仏性に気づくのを待っています。そのために、これまでに聖者、覚者を送ってきているのです。

私たちはまず、煩悩は人間本来の姿ではなく、人間は神の分生命であり、霊魂であり、神性、仏性が内在し、神・仏そのものである、という人間の真理をはっきり知らなくてはなりません。

そして、神・仏の光を受け取って、煩悩を浄化し、己の神性、仏性を蘇らせるためにも、神の御心である「平和」の祈りを実践しましょう。平和は、今日の人類にとって避けては通れない、大きな課題です。平和は、神・仏の御心です。平和の祈りの実践により、おのずと神・仏から智慧（人間の真理）が授けられ、自分に内在している神性、仏性に気づき、自分が神・仏そのものである、と強く感じられてくるのです。

第五章

真理を説いた仏陀の教え　『般若心経』

人間は本来、神・仏そのものである

人間の本質は、神の分生命《わけいのち》（分霊《わけみたま》）であり、霊魂であり、神性、仏性が内在し、神・仏そのものです。これは人間の真理であり、宇宙の真理と一致します。すなわち、神のみ実在するというのが宇宙の真理です。

人間の肉体は霊魂が宿る器であり、神性、仏性を地球上においてあらわす器です。すなわち、人間は神・仏の御心（愛、調和、平和）をあらわす器であって、神・仏の御心をあらわす存在なのです。

体や欲望、怒り、憎しみ、不安、苦しみなどのさまざまな想い（煩悩）が空となることで、肉体人間でありながら、神性、仏性が蘇り、完全に空となって神性、仏性のみとなり、仏（仏陀）となったのが、お釈迦様、ゴータマ・シッダールタです。

お釈迦様は二十九歳の時に、人間の逃れられない生老病死という苦しみから救われ、悟りを得るために、王子としての地位、名誉、富、権力、衣食住などの人間生活の営みをすべて捨てて出家しました。そして、六年間の苦行を経て、菩提樹の木の下で深い統一に入り、悟りに到達したのです。

体や欲望、怒り、不安などのさまざまな想い（煩悩）にとらわれず、掴まず、執着せず、それらが空となり、内在している神性、仏性が蘇り、神性、仏性そのものとなりました。人間の本質、真理は体や煩悩ではなく、仏であると悟り、仏陀となったのです。

煩悩が消え、仏の心――慈愛、慈悲の心が蘇ったのです。

こうして、人間ゴータマ・シッダールタは仏陀となり、人間の真理、宇宙の真理に到達しました。物質は消えてゆくものであり、実在するのは神・仏のみという宇宙の真理と、人間の体やさまざまな想い（煩悩）は空であり、神性、仏性が内在し、人間は神・仏そのものであるという真理です。

人間は、神性、仏性を内在しているからこそ、内なる仏に気づき仏を自覚することで仏となれるのです。けっして、外部から神性、仏性を持ってきて仏となったわけではありません。

もし、外から神性、仏性を持ってきて仏となるのが人間なら、外部から悪性を持ってきて悪になることもできるでしょう。主体性もなく、他者が簡単に人間をコントロールできてしまいます。だとすれば、人間には自由意思がなく、主体的な人間、自由な人間もいないことになってしまいます。人間はそんな存在ではありません。神性、仏性が内在し、個性があり、自由自在な存在です。

人間の内には、仏（仏陀）となる種（仏性）があります。仏となることを邪魔しているのは、波動の粗い肉体という衣をまとっていることによって生じる煩悩に、人間の本質の神性、仏性が覆われ、あたかも煩悩が自分であるように錯覚してしまうからです。煩悩を掴み、執着しているのです。これが原因で、神性、仏性があらわれにくくなる、ということを仏陀はよく知っていたのです。

お釈迦様は、煩悩は実在せず、幻影であり空であると見極め、神性、仏性を覆っている煩悩が消滅し空となったことで、神性、仏性が蘇り、仏があらわれ仏そのもの、仏陀となりました。そして、亡くなる前、弟子たちに最期の言葉として「自灯明、法灯明」と言ったのです。「みずからの仏をよりどころとし、仏の教えをよりどころとして、仏の道を歩み仏となりなさい」と、真理への道を示したのです。

欲望、憎しみ、恨み、苦しみ、不安などの煩悩に支配され、あたかも煩悩が自分であるかのように錯覚すると、人間本来の神性、仏性があらわれず、善を極められず、悪を見極められず、自分の都合のいい善心よりも悪心の方へと安易な選択をしてしまいます。それゆえに、人間の本質が悪であると見えるかもしれません。しかし、それは煩悩のなせる行為であり、人間の本質ではありません。

もし、肉体界において体や煩悩だけが人間であるとすれば、宇宙の真理からみて、人間は消えてゆくもの、空であることになってしまいます。存在理由がないことになってしまいます。

しかし、人間の本質は、神・仏そのものですから、存在の理由も、背負った使命もしっかりとあります。疑うところはありません。それにもかかわらず、人間自身がその真理に気づかずにいるのです。真理に気づけないまま争いを繰り返し、自然の恵みによって生かされているにもかかわらず自然に感謝せず、自然環境を破壊し続けています。このまま人間の本質をあらわせないのであれば、いつまで人間が存在できるかわかりません。

神は、人間が本質に気づくのをいつまで待ってくれるのでしょう。

人間は、神の分生命です。肉体の生命は一時のものですが、人間の命は、一時のものではなく、永遠に続いていきます。

反対に、肉体界の物質、事象、煩悩は、消えてゆくもの、空なのです。ただし、神だけが実在するという宇宙の真理において、神の分生命である人間もまた実在できるのです。

人間が肉体や煩悩に支配されているうちは、宇宙の真理からすると存在理由などないのです。しかし、人間の本質は神からの分生命ですから、神性、仏性が内在し、神・仏そのものであり、神人、仏陀となれるのです。だからこそ、人間は実在しているのです。人間の命は尊いのです。そのことに早く気づき、神性、仏性を覆っている煩悩を掴まず空とし、神性、仏性をあらわし、我は神人、仏なりと悟って、神の御心（愛、調和、平和）をあらわすことです。人間が神の子であると自覚し、使命に気づくのを神は待っています。

人間の体や欲望、怒り、憎しみ、不安、苦しみなどのさまざまな想い（煩悩）は、消えていくもの、空という特質があります。人間には、神性、仏性が内在しているのですから、神性、仏性を覆っている煩悩を掴まなければ、自然に神性、仏性があらわれ、煩悩が完全に空となれば、神性、仏性のみとなって、神・仏そのもの、神人、仏となれるのです。神・仏の御心は、愛、調和、平和そのものですから、そうなった人間の思い、言葉、行為は、愛、調和、平和をあらわすものになるのです。

己に内在している神性、仏性を自覚し、体は人間の霊魂の仮の宿であり、体にまつわる煩悩は消えていくもの、すなわち空である、と気づくことが大事なのです。人間に実在するのは、神性、仏性のみです。煩悩を掴まず、執着しなければ、内なる神性、仏性があらわれます。煩悩が消滅し、完全に空となれば、人間は神性、仏性のみとなり、神・仏そのものとなるのです。人間の本質は、体や煩悩ではなく仏なのです。このことは、人間ゴータマ・シッダールタが悟り、仏陀となり証明したのです。

煩悩は人間の実像ではない

実在するのは神のみであるというのが宇宙の真理です。物質は永遠ではなく、消えていくものです。すなわち、神以外のものは、消えていくという空の特質をもっているのです。

宇宙の真理は人間の真理と一致しています。人間の本質は、神性、仏性であり、神・仏そのものだからです。したがって、人間の肉体界の体や欲望、怒り、憎しみ、不安、苦しみなどのさまざまな想い（煩悩）は、消えていくもの、すなわち空なのです。

前述したように、人間は神の分生命であり、霊魂であり、神性、仏性が内在し、神・仏そのものです。神・仏を信じ、思い、掴み、神・仏に繋がって煩悩に繋がらず、神・仏と一体となり、神・仏であると悟ることで、神・仏の御心（愛、調和、平和）をあらわす存在となります。

宇宙の真理に即した生き方こそが、この地上に神・仏の世界を創造する行為です。

人間が肉体や煩悩だけであるならば、それはただの幻影であり、空であるということになってしまいます。しかし、人間は五十年、八十年、百年間しか存続しないような、肉体だけの存在ではありません。

人間が、己の本質は神・仏そのものであるという真理に気づき、神・仏と一体になることを神は待っています。神・仏の慈愛、慈悲とは、なんと有難いことでしょうか。しかし、神が待ってくれていても、人間の在り方は変わっていないように思えます。人間は、自身の煩悩によって自滅してしまうのではないかと思わざるをえないのです。人間が気づくまで、時間はあまりないのです。

世界は、人間自身が人間の尊厳を侵し、対立し、争いを繰り返し続けた結果、いまだに平和への糸口を見いだせないでいます。また、物質優先の想いにより、地球規模で自然環境を破壊し地球にダメージを与え、これまでのように普通に生活するのが困難なほどの異常気象がもたらされています。神から借りて、住まわせていただいている地球への感謝の心を忘れた、身勝手な、私利私欲の行為の結果として、人間がみずからまいた業が返ってきているのです。

これらの原因はすべて、人間の煩悩から生じています。今こそ、神・仏の御心から外れた空である煩悩から、内在している神性、仏性へと舵を切る時がきたのです。

神は、これまで人類にこのことを気づかせるために、聖者、覚者、菩薩を人間世界に送ってきました。

しかし人間は、いまだ煩悩にふりまわされてむだなエネルギーを使い、煩悩によってお互いを傷つけています。一瞬のうちに何十万人という人々を殺傷できる、絶対悪たる核兵器を一万発以上所有していますし、宇宙空間にまで軍事利用を拡大させています。もし、どこかの国が核兵器を使えば、そのことに端を発し、報復攻撃の連鎖が起きて、地球の破壊すら招いてしまうでしょう。それはこの世の地獄、想像を絶する惨劇となるのです。

人間は、霊魂が肉体をまとったことにより、欲望、怒り、憎しみ、不安、苦しみなどのさまざまな想い（煩悩）に振り回され、支配されています。煩悩があたかも自分であるかのように振る舞い、富を貪り、権力欲にとりつかれ、人を支配し、差別し、私利私欲に走り、感覚の快楽に振り回されてきました。神から借りて住まわせていただいているこの美しい豊かな地球で、他人を殺傷し、戦争の名の下で、人間同士お互いに殺戮を繰り返してきたのです。本当なら、自由自在にそれぞれの個性を活かし、協力して、美しき神の世界を創造していくはずだったのに、この世を地獄のように変えてしまっているのです。

平和はいつ訪れるのでしょう。

これらの悲惨な状況を招いたのは、誰か一人が悪者なのではありません。人間一人ひとりの煩悩が集団となり、国家単位になって煩悩が肥大化してしまうと、一人の力では止めようがなくなってしまうのです。

人間は、己の業や煩悩に執着し支配されるために、業や煩悩に対してエネルギーや命を無駄に使っているように見えます。煩悩は本来、人間にないものであって、あたかもあるように思われる現象世界は幻影です。

人間は神の分生命であり、霊魂であり、神性、仏性が内在し、神・仏そのものであるということが真理です。このこの上もない正しさを知り、強く意識することが肝心です。この真理の正しきを知ることが、人間の本質に気づかせ、悟りに導いてくれるのです。

そして、人間の本質が体や煩悩ではなく、仏であるという人間の真理を説いているのが、仏陀の教え『般若心経』です。

煩悩は本来存在しないものです。ゆえに、みずから煩悩をつくらず、かつ、煩悩がつくり出す幻影を掴まず、執着せず、神・仏を思い、神・仏の御心（愛、調和、平和）を、自らの思い、言葉、行為にあらわし続けることで、内在している神性、仏性が蘇り、神・仏と繋がり、神・仏の光明で煩悩は消えていくのです。

人間は煩悩に生きるのではなく、一人ひとりが、自分自身を神人、仏であると強く自覚し、神・仏の御心（愛、調和、平和）をあらわす存在となるように、みずからの思い、言葉、行為に神・仏の御心をあらわすことが、宇宙と人間の真理にあう生き方なのです。それこそが、神・仏に喜ばれる生き方であり、神・仏の御心にあう生き方です。

『般若心経』――人間の真理、真理に到達する仏の智慧（悟りの智慧）と仏に繋がる真言をあらわした経典

人間の本質は，体や煩悩ではなく仏です。人間は神の分生命《わけいのち》（分霊《わけみたま》）であり、霊魂であり、神性、仏性が内在し、神・仏そのものです。これが人間の真理であることはすでに述べました。

人間の霊魂が肉体に宿ったことで、肉体界における欲望、怒り、憎しみ、不安、苦しみなどのさまざまな想い（煩悩）が、神性、仏性を覆って、神性、仏性があらわれるのを邪魔しているのです。

煩悩は永遠ではなく消えていくものであり、空であるのに、人は煩悩を掴み、執着し、煩悩があたかも自分のようであるかのごとくに、煩悩に支配されているのです。人間の本質は、神性、仏性ですから、煩悩が空となれば、神性、仏性を覆っている煩悩が消え、人間本来の神性、仏性が蘇ります。こうして仏（仏陀）となったのが、お

釈迦様――インドのシャカ族の王子であったゴータマ・シッダールタです。

お釈迦様は、人間は体や煩悩ではなく仏であると悟りました。仏の智慧を得て人間の真理を明らかにしたのです。お釈迦様が、観世音菩薩（観自在菩薩）の時、苦しんでいる人々を救い、みずからは仏とならんとして悟りへの深い統一に入った時、体や欲望、苦しみ、不安、怒り、憎しみなどのさまざまな想い（煩悩）が空であると見極められました。すなわち、五蘊は空であると見極められたのです。

煩悩の執着が消滅し、神性、仏性を覆っている煩悩が空となることで、神性、仏性が蘇り、光り輝く存在、仏そのものとなったのです。すなわち、人間本来の姿である神の分生命、神からきた光（神性、仏性）となったのです。肉体界において神性、仏性と煩悩の人間が、体や煩悩へのとらわれが消滅したことで、神性、仏性のみの神・仏そのものとなったのです。

そして、この、仏陀となるための仏の智慧を説いているのが『般若心経』なのです。

お釈迦様の悟りの言葉です。

この経典は、仏の智慧――すなわち、人間の本質は体や煩悩ではなく、神性、仏性が内在し、神・仏そのものである――という人間の真理をあらわすとともに、神・仏に繋がる真言「掲諦　掲諦　波羅掲諦　波羅僧掲諦　菩提薩婆訶」をあらわしています。

この真言を唱える――読誦《どくじゅ》すればするほど、神・仏の光が入ってきて煩悩が浄化され、神性、仏性があらわれてきます。もちろん、読誦する時は神・仏を信じておこなうことが大切です。

お釈迦様は修行を通して、煩悩は永遠ではなく消えていくものととらえ、掴まず、執着せず、空とすることで、本当の自分は光り輝く存在であると実感し、人間本来の神性、仏性が蘇り、内なる仏があらわれました。人間の本質が仏であると悟ったのです。本当の自分は、肉体や煩悩ではなく、光り輝く慈愛、慈悲の仏であると明らかに知り、仏の智慧を得たのです。

人間は、神の分生命ですから、地球上で神・仏の御心をあらわす存在となる使命があります。しかし、霊魂が肉体という仮の宿に生きることで、五蘊――すなわち体や欲望、怒り、憎しみ、不安、苦しみなどのさまざまな想い（煩悩）を掴み、執着してしまうのです。煩悩に神性、仏性が覆われ、人間の使命を忘れ、煩悩があたかも自分であるかのように支配されてしまったのです。

体や煩悩に執着していると、神性、仏性を忘れ、神性、仏性があらわれるのをさまたげるだけでなく、肉体界にしがみついてしまい、肉体界から離れることができなくなります。このことが輪廻転生となります。肉体は物質なので消えていくものなのですが、煩悩に執着していると、煩悩が消えて空とならないまま幽界に移行し、因果によって、肉体界や幽界をぐるぐると生まれ変わり死に変わりを繰り返すようになってしまうのです。

お釈迦様は、悟り、このことを分かっているので、人間本来の姿は体や煩悩ではなく、神の分生命であり、神性、仏性が内在し、神・仏そのものであると説いているのです。つまり、悟ることで、肉体界、幽界における輪廻転生がなくなり、人間の本質の神・仏そのものとなって神界に住まうことができるのです。

お釈迦様は、肉体や煩悩を空として、慈愛、慈悲の光り輝く仏そのものとなり、肉体でありながらも、神・仏の世界に入れることを体現したのです。

『般若心経』では、人間の体や煩悩を空であるとして、それらが空となれば人間の本当の姿、仏があらわれると説いています。ですから、徹底して、体や煩悩は空であると繰り返し説いています。これが仏の智慧、般若波羅蜜多です。人間の真理において、煩悩は本来ないものなのです。

人間本来の姿、真理は、神・仏そのものです。ゆえに、肉体界において悟り仏となれば、神界に住むことができ、神・仏そのものの働きができます。キリストや仏陀のような生き方ができるということです。

人間を救うために、過去、現在、未来にわたってあらわれる三世の諸仏は、般若波羅蜜多（人間は体や煩悩〈五蘊〉ではなく、神の分生命、霊魂、神性、仏性であり、神・仏そのものであるという悟りの智慧、仏の智慧）に依るがゆえに、この上もない正しきを知り、煩悩などのすべてのとらわれを無、無、無と断ち切って最高の統一、空となる行をなしとげ、仏であると悟り、仏となりました。

しかし、人間は、体や煩悩は空であり、本来の人間は神性、仏性があり神・仏そのものである、と悟らなければ、苦しみ、欲望、憎しみや争いといった不調和に満ちている想念のなかから抜けられずに、肉体界、幽界において輪廻転生を繰り返すばかりです。ですから、肉体として生きているうちに、般若波羅蜜多によって人間の本質、真理を知り、悟り、仏となる実践をすることが大事なのです。

煩悩に覆われている普通の人間は、般若波羅蜜多という悟りの智慧、すなわち、仏から与えられる仏の智慧に気づくのは難しいことです。悟るというような意識、気持ちを持つことも難しいために、般若心経の終わりには、神・仏に繋がる真言を載せています。真言を読誦すれば神の光が入り、自然と神性、仏性が蘇ってきます。ですから、私たちはただ、真言を読誦すればよいのです。ありがたい仏の慈愛、慈悲のあらわれです。

読誦し続けることで神・仏とつながり、神・仏の光を得られるのです。煩悩が浄化され、神性、仏性が蘇り、徐々にみずからが、神・仏の御心（愛、調和、平和）をこの地上にあらわしたいと思うようになります。そうして、神・仏の御心が、自分の思い、言葉、行為にあらわれてきます。

煩悩は、仏（慈愛、慈悲）から真逆の、闇の世界です。闇は、光が差し込めば消えていくものです。闇は光の世界では存在できません。

神・仏の御心（愛、調和、平和）の光が差し込むことで、煩悩は浄化され、消えていきます。

人間の煩悩という闇の世界を、愛、光に変容できる教えである『般若心経』は、煩悩という闇にいる人間に、仏であるという真実を悟らせ、救いたいという仏陀の願いの言葉です。

煩悩に執着していては、闇は消えません。神・仏を思い、神・仏の御心をみずからの思い、言葉、行為にあらわすことで、闇は消えていきます。

では、それを具体的にどうおこなうのでしょうか。どの国のどの人も無理なく、納得して、悟りの実践、神・仏につながる実践があります。『般若心経』の真言「掲諦　掲諦　波羅掲諦　波羅僧掲諦　菩提薩婆訶」の代わりに神・仏の御心（愛、調和、平和）をあらわす祈りです。

それはすなわち、「世界人類が平和でありますように。世界が平和でありますように」という平和の祈りです。

これは神・仏の御心ですから、祈る人は神・仏とつながり、一体となれるのです。平和を祈っている時、祈っている人は神・仏とつながっています。神・仏から光が入るとともに、その人を通して周囲の人々にも光が放たれるので、その光によってみずからの煩悩が浄化され、周囲の人々の煩悩も清まります。祈る人が多くなればなるほど、平和な世界が築けるということです。

祈れば祈るほど、私たちは神・仏の光明を持てるようになり、神・仏の光明を多く放つことができるようになります。煩悩が清まり、消えて、神性、仏性が蘇り、神の子、神人、仏を意識し、自然に神・仏の慈愛、慈悲を、思い、言葉、行為にあらわすようになるのです。

平和の実現の祈りを通して、神・仏の光明によって、祈る人ばかりではなく、周囲の人たちの煩悩も浄化され、神性、仏性が蘇り、人間の本質が神・仏そのものであると意識するようになっていきます。

祈りの実践によって、神性、仏性が高まることで、それぞれの立場で、神・仏の御心（愛、調和、平和）をあらわす存在となるように、意識してくるのです。

神・仏の御心をあらわす平和の祈りの実践（菩薩道）を通して、煩悩が消えていき、神性、仏性が蘇るに従って、さらに神性、仏性が高まり、神・仏に近づこうと意識するようになっていきます。悟りの道を歩んでいくことになるのです。

人間には、本来、煩悩がなく、神性、仏性があり、仏となれるのです。仏なのです。これが、人間の本質です。この人間の真理をあらわしたのが『般若心経』なのです。

第六章

仏教の真髄を広めた高僧（菩薩・仏）たち

お釈迦様が、悟り、仏陀に到達した時、体や欲望、怒り、憎しみ、不安、苦しみなどのさまざまな想い（煩悩）は永遠ではなく、空であり、人間は体という物質ではなく、神性、仏性であるとわかりました。完全に煩悩が空となれば、神性、仏性のみとなり、人間の本質は仏であると悟り、仏となったのです。人間の真理に到達したのです。

この人間の真理と、真理に到達する仏の智慧（悟りの智慧）を説き、仏に繋がる真言をあらわしたのが『般若心経』であることはすでに述べました。

この般若心経の漢訳の代表に、鳩摩羅什訳『摩訶般若波羅蜜大明呪経』と、玄奘三蔵訳『般若波羅蜜多心経』があります。

「人間は、体という物質や煩悩ではなく、神性、仏性であり、仏である」という真理が、仏陀の時代だけで受け継がれず終わったとしたら、それ以降、真理が広がらず、暗闇に閉ざされてしまっていたでしょう。想像しただけでも恐ろしいことです。暗闇のなかで、何の救いもなく、煩悩の渦巻く世界に取り残されて生きる悲劇。煩悩に支配され、輪廻の世界を堂々巡りしているだけの世界は、考えるだけでも暗澹たる気持ちになります。

しかし、三人の高僧（菩薩、仏）――鳩摩羅什、玄奘三蔵、空海が、仏陀の教え、人間の真理を、時空を超えて広めてくれました。彼らが真理の経典を広めたことは、迷っている人々を救いたいという慈愛、慈悲のあらわれであり、仏、菩薩の働きそのものです。

困難、苦難を乗り越え、何があっても仏の智慧を広めるという彼らの意志は、苦しんでいる人々を救いたいという願いそのものであり、その願いは、仏陀の、苦しんでいる人々を救済したいという悲願と同じでした。

真理は、時空を超えて広がり生き続けることになりました。これは、真理の求道者の手によってなし得たことなのです。

神・仏の教え（真理）を、限定された時や場所に埋もれさせず、時空を超えて人々に広めた菩薩たちの存在を忘れてはなりません。その働きは仏そのものでした。

一・鳩摩羅什《くまらじゅう》（三五〇？〜四〇九？）

鳩摩羅什は、中国の西域の高僧、大翻訳家です。インドの貴族の血を引き、僧であった父と、亀茲国《きじこく》の王族の母とのあいだに生まれました。

母親が羅什を身ごもった時、それまでも聡明であり記憶力に優れた女性だったのが、より智慧や理解力が備わったと言われています。

七歳の時、羅什は母親とともに出家し、ずば抜けた能力を発揮しさまざまな仏典を理解していきました。彼はのちに小乗仏教から大乗仏教へと転向し、彼の師匠である小乗仏教の第一人者も大乗仏教に追随したことで、名声は中国まで広がることになりました。羅什は母の勧めで、仏教を東の国へと広めることになったのです。

しかし、故郷の亀茲国に立ち寄った時、勢力争いに巻き込まれ、亀茲国を攻略した武将の捕虜となり、彼の僧侶として、また、風水師としての卓越した才能によって、十八年間、その武将に仕えざるをえなくなりました。さまざまな仏典を理解し、人々を救うために小乗仏教から大乗仏教に転向したのに、僧侶として仏教を広めることができず、支配者の下で捕らわれの身となってしまったのです。仏教の究極の境地、悟りという世界から、煩悩の渦のなかに身を置き、翻弄される人生を余儀なくされてしまいました。

亀茲国が滅ぼされると、梵語と漢語に長けていた彼は長安に招かれ、仏典を梵語から漢語に訳す仕事に従事することになりました。これは五十一歳の時から、五十九歳で亡くなるまで続きました。翻訳をおこなうあいだ、三千人余りの門弟を育てもしました。

そして、体や煩悩は空であり、空となったところに、人間の本質の仏があらわれ、本当の自分は仏であると悟る、という、彼の漢訳「魔訶般若波羅蜜大明呪経」が誕生したのです。煩悩を掴まず執着せず、空となると仏があらわれるという仏陀の教えの真髄を捉えたのです。この、羅什の「空」という捉え方は、仏教の理解に欠かせないものとなっています。

彼の超人的な理解力によるさまざまな仏典の解釈は、捕虜となって逃げられない環境に置かれ、人間の煩悩のなかに直に身を置くことになった彼が、生身の人間の煩悩という性を目の当たりにし、人間の本質をあらわすには煩悩から解脱することの大切さを体験したことによるのでしょう。それゆえに、仏陀の真の教えを体得したのです。鳩摩羅什の経典のずば抜けた理解力と梵語や漢語に長けた語学力による漢訳は、煩悩の沼に咲く、煩悩に囚《とら》われない光り輝く蓮の花でした。

鳩摩羅什は、亡くなる前に「私が正しく翻訳していたのならば、火葬後も舌だけが燃えずに残るであろう。舌も焼けるようなことがあれば、訳経もすべて焼き捨てよ」と言い残し、その舌は灰にならなかったという逸話があります。

彼の漢訳は多々ありますが、主なものに、『妙法蓮華経』『阿弥陀経』『維摩経』『大智度論』『摩訶般若波羅蜜経』などがあります。『妙法蓮華経』は、飛鳥時代、聖徳太子の仏教による国づくりや日本の仏教界に大いに影響を与えました。

彼は、人生の最後に、多くの仏典の漢訳や、多数の門弟を育てることで仏教を広め、仏教の確かな礎をつくったのです。

二・玄奘三蔵（六〇二?〜六六四）

玄奘三蔵は、中国の隋から唐の時代の高僧です。彼の生涯は、仏教の真理の求道と仏教の流布でした。

仏教の真理を求めてインドに渡り、多くの仏典を携えて帰国するまでの十七年間と、帰国して没するまで仏典を梵語から漢語に訳す仕事に従事した十八年間は、煩悩を超えた、仏そのものの生きざまでした。

彼は八歳の時に父から仏教を習い、十一歳の時には法華経などを誦《じゅ》するようになりました。十三歳の時に出家し、玄奘と名乗る僧となりました。十三歳という年齢では出家できないところを、「遠くは如来を紹し、近くは、遺法を光らせたいから」という志によって、出家が許されたのです。

彼は、仏教の真理を得るために、中国各地において、高僧の教えや漢訳経典にその答えを求めましたが、その教えに満足することはできませんでした。国内で仏教を学ぶことに限界を感じた彼は、お釈迦様の教えを明らかにし輝かせるために、仏典の原典から真理を得ることを決心して、インドへと求道の旅に出たのです。二十七歳の時でした。今日から約千四百年前のことです。

灼熱の砂嵐が吹き付けるタクラマカン砂漠、雪と氷にとざされた厳寒の天山山脈を越え、時には盗賊にも襲われ、命が幾つあっても足りない過酷な道のりを旅し、その旅程は往復で約三万キロにも及びました。旅の途中、観世音菩薩を念じ、般若心経を一心に唱えて砂漠を渡ったと言われています。

そうしてたどり着いたインドで、仏陀の教えの真理を学び、仏跡を巡拝した後、玄奘は馬二十二頭分の、六百五十七部の経典を携え、求道の旅を終えて長安の都に帰った時には、十七年の歳月が流れていました。玄奘は四十四歳になっていました。

長安に帰国した後、彼は持ち帰った膨大な仏典を梵語から漢訳し、残りの生涯、十八年間の人生をすべて翻訳作業に捧げ、六十二歳で没しました。

玄奘の旅は、筆舌に尽くし難い苛酷なものであったことでしょう。そのような厳しい旅の途中、出会った人から「西域の路は険難で、命を粗末にすべきではない、お止めなさい」と言われても「私は偉大なる仏法を求めて西域に向かっているのです。インドに到達できなければ、再び生国には戻りません。たとえ道の半ばで死ぬことがあっても、後悔はいたしません」と答えたといいます。

インドへの壮絶な旅をやりとげ、膨大な量の経典を持って帰ることができた、彼の行動のエネルギーは、一切の私心なく仏教の真理を求道し、人々に仏法を広めようとし、多くの人々の魂が真理に触れることができるよう、仏の光をいただけるように、人々の魂を救おうとする、慈愛、慈悲、菩薩心のあらわれ、菩薩そのものでした。

玄奘の生涯は、仏教の真理を求道し、仏典を人々に広めるためについやされました。玄奘の生きざまは、お釈迦様の教えの真理を求道し、人々を救うため仏に仕える、菩薩そのものの姿です。超人的なインドへの求道の旅と、膨大な量の仏典訳の作業を成就できたのは、仏のご加護を得ていたからに違いありません。まさに、神・仏の冥加なしにはでき得ないものだったことでしょう。

仏の真の教えを世に光らせ、人々を救いたいという、まさに、菩薩そのものの姿が、不可能を可能にしたのです。この姿こそ、彼の出家の志「遠くは如来を紹し、近くは遺法を光らせたいから」を実現する、菩薩の生涯でした。

玄奘の行為は、今日の我々の世界にとっても光となり、この光は永遠不滅のものです。今日でも我々の心に響き、生きているのです。

三・空海（七七四〜八三五）

空海は、人間として生きる肉体界において、仏となるため求道し、迷っている人々を救う一念で生きた、慈愛、慈悲の菩薩、仏です。

彼は、みずからが人々の魂の救済に努めるために開いた密教の教義「即身成仏」（人は、現世において、肉体でありながらも、悟り、仏になることができる）を、身をもって顕現したのです。

即身成仏は、般若心経の真意をあらわしています。著書『即身成仏義』において、空海は「大日如来と人間のあいだに根本的な違いはなく、ただ真理を悟っているか、迷っているかにすぎない」と説いています。般若心経の真髄は、五蘊（体や煩悩）は空であり、空となると人間の本質の仏性が蘇り、完全に空（煩悩が完全に消滅した世界）となれば仏性のみとなり、仏となる。人間の本質は、体や煩悩ではなく、仏である、と人間の真理をあらわしています。「即身成仏」も「般若心経」も、人間は仏であると説いているのです。

空海が生まれた時、彼の父親と母親が同時に、「天竺のお坊さんが紫色に輝く雲に乗って、母親のふところに入る」という夢を見たといいます。

さらに空海は、幼年期に仏と話す夢をみていました。土で仏像をつくり、草や木を集めてお堂をつくったりして、幼いころから仏を拝んでいました。

七歳の時に捨身ヶ嶽に登り「私は大きくなりましたら、世の中の困っている人々を救いたい。私にその力があるならば、命を永らえさせてください」と仏に祈って、谷底めがけて飛び降りました。すると、どこからともなく美しい調べとともに天女があらわれ、彼をしっかりと受け止めたという話が残っています。

十八歳で大学に入り、一層勉強に励むも、大学での勉強は人々を救うものではありませんでした。空海は、人々を救うのは真の悟りへ向かわせる仏教であると確信し、大学をやめて、世のため、人のために一生を捧げようと志し、仏の道に入り、修行をはじめたのです。二十歳の時に出家し、得度しました（諸説あり）。そして、修行のなかで一人の僧に『虚空蔵求聞持法』を授けられ、虚空蔵菩薩の真言を百万回唱える修行をしていた時、口に明星（虚空蔵菩薩の化身）が飛び込んで来たという体験をしました。

しかし、仏教を学んでいても、どうしても満足できず「人々を救うために最高の教えをお示しください」と、奈良の東大寺大仏殿に祈願し、夢のお告げにより、大日経を発見することになりました。しかし、大日経にどうしても理解できないところがあったため、唐の名僧（恵果《えか》和尚　真言密教継承者第七祖）に教えを乞うため、三十一歳の時に、留学僧として唐に渡ったのです。

恵果和尚は、空海があらわれるや「なんじが来るのを待っていた」と言って、大変喜んだといいます。恵果和尚は空海に「真言密教のすべてを授けた、早く日本に帰って真言密教を広め、人々を救うがよい」と遺言し、空海の訪れた年の十二月に亡くなりました。空海は恵果和尚より遍照金剛《へんじょうこんごう》の法号を授けられ、真言密教の第八祖となりました。

本来なら二十年の歳月が必要な修行を二年で終えて日本に帰った空海は、真言密教を日本に広め、迷い、苦しむ人々の救済と社会の発展に努めました。高野山を真言密教の根本道場と定め、高野山を中心に、全国に真言密教を広め、天皇をはじめ、老若男女の苦しむ者、悩める者を救い導いたのです。一般の人たちが勉強するための教育施設として、綜芸種智院という学校を京都に開設し、教育にも携わりました。

当時、嵯峨天皇は、仏教各宗の高僧を宮中へ招き、仏教の話を聞かれたといいます。その時の仏教では、生まれ変わり死に変わりを繰り返し、長いあいだ修行をしないと仏になれないという説が主流でしたが、空海は「即身成仏（人は、現世において、肉体でありながらも、悟り、仏になることができる）」と説きました。どの高僧も空海の言葉を信じなかったのですが、空海が印を組み、真言を唱え、心に大日如来を念じると、たちまちその体から光明が輝き、蓮台に坐した大日如来となったと伝えられています。

嵯峨天皇は、般若心経の講釈を空海に命じました。その時、般若心経の真意を解説したのが『般若心経秘鍵』です。

その他、空海は社会事業においても功績を残しています。現在の香川県にある満濃池を改修したのです。満濃池は田畑を潤すのに大切な貯水池でしたが、雨が降り、風が吹くと堤防が決壊し、何度改築しても直らず、農民たちは困っていました。そこで、土木技術にも優れていた空海に、満濃池の改築が依頼されたのです。多くの人々が改築工事に加わり、三か月ほどで工事は完成し、大風雨にも決壊しなくなりました。この池は今日でも使用されています。

淳和天皇の代に日本中が大日照りとなった時には、空海は八人の弟子とともに雨乞いの祈祷をしました。すると善女龍王があらわれ、それまで雲一つなく照り続いた空はたちまち曇り、三日三晩雨を降らせたと言い伝えられています。

また、たくさんの灯明と花をもって仏をたたえる万灯万華会《まんどうまんげえ》の願文に、空海は「虚空尽き、衆生尽き、涅槃尽きなば、我が願いも尽きん」（この宇宙の生きとし、生けるものすべてが解脱をえて、仏となり、涅槃を求めるものがいなくなった時、私の願いは終わる）と大誓願を立てています。空海は、未来永遠にわたって、迷える者、苦しむ者を救済しようとしました。そのため、永遠の瞑想――入定を考え、六十二歳、三月二十一日、結跏趺坐し、手に大日如来の法界定印を結び、人々の救済のために入定したのです。

空海は、密教の教えが人々にわかるよう、胎蔵界曼荼羅と金剛界曼荼羅をあらわし、指針としました。

胎蔵界曼荼羅は、仏の光（慈愛）を発し、人々は内に光を受けて、仏性を目覚めさせ、仏を感じ、仏に近づこうと発起するように、人々を救済するという仏の慈悲をあらわしたものです。

金剛界曼荼羅は、悟りへと到達する過程をあらわしています。すなわち、悟りを具体的に実践的に把握する試みが展開されているのです。

空海は、今生における悟りの完成、すなわち「即身成仏」を顕現し、如来となって悩み苦しむ人々を救済し、社会事業などを通して国を整え、仏の慈愛、慈悲の姿をあらわしました。

人々の救済に一生を捧げ、入定して永遠に人々を救済しようとする空海の魂は、日本中に広まり息づき、今日も空海の救いを求め、弘法大師信仰として人々の心の支えとなっています。

空海が七歳の時に発した「私は大きくなりましたら、世の中の困っている人々を救いたい。私にその力があるならば、命を永らえさせてください」という仏さまへの祈りそのままに、みずから如来となり、人々を救う力を得て、救済の仏として顕在化した姿となったのが、空海の生涯そのものです。

空海の生き方は、その教えである「いかせ命」を具現化させたものです。この「命」は、肉体の生命ではなく、神・仏からの分生命のことであって、永遠の命であり、神性、仏性のことなのです。

空海は、現世において仏となり、苦しんでいる人々を仏の力で救うという仏の慈愛、慈悲をあらわし、人間は仏であると実証したのです。

第七章
平和の心をあらわそう

平和の祈りの実践

神・仏を信じて全託し、惜しみなく神・仏の御心（愛、調和、平和）をあらわしましょう。そうすることで、煩悩への執着が弱くなり、神性、仏性があらわれやすくなり、愛、調和、平和への思いが強くなります。神・仏に近づいていくのです。人間の本質は神性、仏性であり、神・仏そのものであるからです。

神性、仏性があらわれるのを邪魔しているのが、肉体にまつわる煩悩です。体や煩悩は、消えていくもの――空なのですが、煩悩に執着することで、煩悩があたかも存在しているかのように、煩悩があたかも自分であるかのように、煩悩に支配されてしまいます。そうした人には、神の光が入りにくいのです。神と煩悩では波動があわないのです。

煩悩に支配されている現在の人間社会において、お釈迦様のように悟りの境地に到達するのは難しいことです。煩悩は空であり、人間の本質は神性、仏性であり、神・

仏そのものである、ということを知り、自身に仏を感じることは、社会生活を営んでいる人々にとって容易ではありません。

肉体の衣（欲望や怒り、不安、保身などの煩悩）があまりにも強いので、このままであれば、人間同士の対立、争いによって人間が滅ぶことにもなりかねません。人類には時間の余裕がないのです。

では、どうすればいいのでしょうか。人間の本質が神性、仏性であり、神・仏そのものである、という人間の真理を自覚し、神・仏の御心（愛、調和、平和）をあらわす存在となればいいのです。神・仏の御心（愛、調和、平和）を、思い、言葉、行為にあらわし、神・仏の御心を実践するのです。

神・仏の御心は、愛であり、調和であり、平和ですから、「世界人類が平和でありますように」「世界が平和でありますように」というように、神・仏の御心をあらわす祈りを実践しましょう。

この祈りは、誰でも――病気で床に臥せている人であっても――どんなところでも祈れます。祈っている時、神・仏とあなたは確かに繋がっています。煩悩には繋がりません。その人の心から出る平和を祈る波動と、神・仏の御心の波動が一致するのです。その時に、神・仏の光が祈っているあなたに入ってきます。そして、あなたから神・仏の光が放出されます。

心配ごと、苦しいこと、相手を憎み否定的な思いを出している時など、煩悩のなかにいる時に、光り輝いている神・仏の御心「平和」を、心で、言葉で祈りましょう。その瞬間、あなたは煩悩ではなく、神・仏と繋がりますから、神・仏の光明が煩悩を消し去ってくれますし、周囲の人々の想いも浄化してくれます。祈る人は、神性・仏性が生き生きとあらわれ、神・仏そのものとなるのです。

祈りを実践しましょう。多く実践されればされるほど煩悩が消滅しますから、神性、仏性が多くあらわれるのです。神・仏の光明が入りやすくなるとともに、神・仏の光明がその人から放出され、周囲の人たちをも浄化していきます。祈り人は、おのずと神・仏へと近づいていくのです。光明の人となっていくのです。

菩薩ではない一般の人間でも、こうした祈りを何日も、何年も続けていけば、仮にまだまだ煩悩があったとしても、自然に神性、仏性の行為（平和の祈り）を意欲的に実践していこうとする仏心が芽生えてきます。自分に神性、仏性があると実感し、自覚できるようになります。あるいは、神人・仏になり人々を救いたいと考える人も出てくるはずです。その人の境地は、祈りの実践の結果として、神性、仏性が高まり、自然と菩薩の道を歩むようになっていきます。

ですから、あきらめず続けることがなによりも大事です。知識ではなく、実践することが肝心です。人によっては、ゴールはすぐ来るかもしれないし、一生かかって亡くなる寸前に来るのかもしれません。あるいは、一生かかってもゴールに到達できないのかもしれません。しかし、その人は確かに菩薩の道を歩んでいるのです。けっして間違いではありません。

肉体が亡くなっても霊魂は生き続けますから、肉体界から幽界、霊界に移行していくあいだも菩薩の道を歩み続け、悟ることで、神・仏の世界まで高められていきます。なにごとがあっても、諦めてはいけません。神・仏は観ています。あなたの実践を知っているのです。たとえ輪廻転生しても、祈りの力は続き、必ず菩薩の道を歩む人になるはずです。人々を救う菩薩の道を歩みましょう。その道は必ず悟りへと続き、神・仏そのものとなっていきます。粘り強く諦めずに実践していきましょう。

人々が、神・仏の御心「世界平和」を祈れば、地球が救われ、人類も救われ、次元上昇していけるのです。平和を祈れば祈るほど、神・仏との繋がりが強くなり、祈る人に多くの光が入りやすくなっていきます。そうすれば、煩悩がより消滅し、その人の神性、仏性は、煩悩よりも大きくあらわれ、煩悩の支配から逃れて、仏心をあらわす菩薩になり、光明の人間となっていくのです。

仮に、嫌なこと、苦しいことがあらわれても、平和を祈りましょう。祈りの光明（神・仏に繋がっていることによる神・仏の光）によって、煩悩ではなく、神性・仏性の世界に入っていけます。

苦しい、つらいといった現象は、その人の業があらわれて消えていく姿（空となる）であるととらえるのが大事なのです。現象に悩まず、苦しまず、掴まずに、これからはよくなるのだと強く思い、平和の祈りで生きていきましょう。祈っている人は、神・仏と繋がり、光り輝いてくるのです。

今日の、人類によってもたらされた地球環境の破壊、異常気象、二元対立による争い、格差社会による不平等、自由や人権への侵害、覇権争いなどによる困窮したありさまは、もはや、一人二人の聖者、覚者では救われない状況まできています。

すべての人々が、神・仏の御心の平和をあらわす祈り「世界人類が平和でありますように。世界が平和でありますように」を実践し、神・仏の光明によって、内在している神性、仏性を呼び覚まし、神・仏と繋がりましょう。

神・仏を信じて全託し、世界平和を祈りましょう。神性・仏性が高まれば、人々を救いたいという仏心が起き、菩薩道を歩むようになります。多くの菩薩があらわれれば、それらの菩薩のなかから、かならず仏があらわれるはずです。

こうして、地球上により多くの菩薩や仏、神人があらわれることで、地球も人類も救われていきます。平和は、一人ひとりの実践にかかっているのです。

平和の祈りで地球、宇宙へ光を放つ

宇宙は調和しています。膨大な数の星々、星雲、銀河などの運行は、調和と再生を繰り返し、生命あふれる宇宙を形成しています。

神・仏の御心である愛、調和、平和の実現を祈る、世界平和の祈りは、内在している神性、仏性が蘇り、神・仏と結びつくことで、祈っている人の波動を物質的な粗いものからより細かい波動となし、神・仏の光を容易に受け入れられるようにしてくれます。それによって、平和の祈りを実践している人は光り輝く存在となり、神・仏の光を放って、自然と人々の煩悩を浄化しているのです。祈ることで、その人は光明の持ち主となっていくのです。

多くの人間が平和を祈れば祈るほど、神・仏の御心（愛、調和、平和）の光が、地球、宇宙へと放出され、調和に貢献できます。地球も宇宙の一員であって、宇宙の調和を司る仲間ですから、地球から神・仏の御心の光を放出することが、私たちの宇宙の一員としての役割であり、使命なのです。

生命あふれる地球も、宇宙からの恩恵を受けて、現在の美しい豊かな生命あふれる姿として誕生し、運行しています。宇宙あっての地球なのです。

地球という神・仏からの借りものに住んでいる人間が、神・仏の御心（愛・調和・平和）の光を放出することが――平和の祈りの実践が、宇宙の調和に貢献するのです。

地球への感謝と平和の祈りの実践が大事なのです。感謝や祈りが、傷ついている地球の再生や、対立、争いの消滅に繋がり、地球も人類も調和していけます。

それが結果として人間の魂の成長に繋がり、人間界の次元が上昇します。祈りは、物質界から精神界へと繋がる行為でもあるのです。物質界から精神界へと移行することで、地球の波動も細かくなり、神・仏の波動と繋がるようになって、神・仏の光を受けやすくなり、地球も次元上昇するようになるのです。

神・仏の世界に近づいていきます。地球も人類も宇宙の進化について行けるようになるのです。

神のみ実在するという真理のもと、宇宙は、神・仏の御心（愛、調和、平和）を顕現するよう進化しています。人間が、地球を神の星（惑星）とするために、神の御心をあらわす存在になることは、人類や地球が神・仏に近づくこととなり、宇宙の真理をあらわすことになるのです。

人間が、自分たちを神の子、神人、仏であると自覚し、世界平和を祈り、神・仏の御心をあらわす姿が、人間の真の在り方です。

祈る時にどんな業想念があらわれても、祈る瞬間に神・仏と繋がっていますから、神・仏の光が入り、その人を通して神・仏の光が放たれています。ですから、祈れば祈るほど光が入り、光が放出され、光明化しますし、煩悩は消滅していきます。それによって、神・仏を信じ、感謝する心がさらに強くなっていくのです。

神・仏を信じ、全託し、平和の祈りを実践し続けることがなによりも大事なことです。祈りによって神・仏に近づき、宇宙の調和に貢献できるのです。

地球環境を破壊すると負のエネルギーが宇宙に放たれる

人間が今日まで追求してきた幸せとは、物質や富の豊かさでした。物質優先の想いは、有限な物質や富への飽くなき欲望を駆り立ててきました。

保身や欲望は、物質や富をめぐる争いを生じさせ、さらなる豊かさを求めて他の人々や国々を支配し、搾取してきました。権力の拡大は、国同士の大きな戦争まで引き起こしました。

人間社会が抱える問題や争いは、貧富の格差、内紛、内戦、テロ行為、覇権行為など、人間同士の不協和音、醜い行為となってあらわれ、終わりが見えません。

本来なら神・仏そのものとなれるはずの人間同士が、解決への出口が見えないままに争い、傷つけ、殺戮を繰り返しているのです。これは、人間が煩悩に支配されて、煩悩の渦のなかから抜けられず、堂々巡りをしているからです。

煩悩は永遠でなく、消えていくもの、空であり、真理ではありません。煩悩を掴まず、執着せず、神・仏を信じ、神・仏の御心である世界平和を祈ることで、神性・仏性が蘇り、仏心が高まり、煩悩は消滅していきます。

しかし、人間はその真理を悟らず、保身や欲望の煩悩に振り回されています。国際社会は調和ではなく力関係で保たれ、物質優先の想いが自然破壊を招き、地球環境に悪影響を与えて、生態系に大きなダメージを与えてしまいました。その業は世界的な異常気象としてあらわれ、甚大な被害をもたらし、地球はどんどん暮しにくくなってきています。

いま、再び世界大戦が起きたら人類の存亡の危機となるでしょうし、地球環境の破壊行為がこのまま続けば、地球の危機となるでしょう。

こうした自然環境の破壊、戦争による殺戮の行為は、地球や宇宙に破壊のエネルギーを放つことになり、ひいては宇宙の調和を乱すことになります。地球は単独に存在しておらず、宇宙は繋がっているからです。

価値観を根底から変える時が迫っています。この問題から逃げることはできません。このまま、人類が地球や宇宙の調和に貢献せず、人間同士の対立や争いに汲々として、自然環境の破壊を続けて、不調和の負のエネルギーを地球から宇宙に放出し続ければ、宇宙の調和が乱され、地球の存在が宇宙の真理から離れたものとなって、地球は自然消滅するでしょう。いいえ、地球よりも真理から離れた人間が地球から消滅することでしょう。

自分から出た行為は、自分に返って来るというのが宇宙の法則です。すなわち、地球環境を破壊する行為、争いあう不調和の行為は、人間が存在できない環境となって人間に返ってきます。負のエネルギーが累積されれば、人間は宇宙の調和を乱す悪しき存在となってしまうことでしょう。

人間が宇宙に生き続ける真の意味は、人間が神・仏そのものであるからです。私たちは、人間の本質にしっかりと立ち返って、使命を果たさなくてはなりません。人間の使命とは、神・仏の御心である、愛、調和、平和の世界を地球につくることです。

そのためにも、一人ひとりが神・仏を信じ、平和の祈りを実践して、神性・仏性を蘇らせ、神・仏に近づいていきましょう。

宇宙は神のふところです。人類は神の分生命なのですから、思い、言葉、行為に神・仏の御心（愛、調和、平和）をあらわし、それぞれの個性を発揮し、調和し、創造力豊かに、進化、発展していくことが人間の真の姿なのです。

まずは、平和の祈りの実践とともに、今、おかれている立場や仕事において、愛、調和、平和の心でおこなうことが大事となるのです。そうすることで、人類や地球が調和し、平和となって、地球が宇宙と大調和していくことでしょう。

第八章
人間は神の分生命

人間は宇宙の根源に繋がっている

人間は、宇宙のなかで孤立した存在ではありません。人間の命（神の分生命《わけいのち》、霊魂）は永遠であって、宇宙の源と繋がっています。

人間は、神の分生命（分霊《わけみたま》）であって、霊魂であり、神性、仏性が内在し、神・仏そのものです。これが、人間の本質であり、真理です。ですので、体や煩悩への執着がなくなり、完全に空となると神性、仏性のみとなり、光り耀く存在となり、神・仏そのものとなるのです。しかし、体や煩悩に執着していると、本来の神性、仏性が蘇るのを邪魔されて、人間本来の姿になれません。

人間の命をいきいきと無駄にせずに生かすことは、神の子として神の愛に応えることです。空海は、そのことがわかっていたので、「いかせ命」と言ったのです。

その神の分生命が、体や煩悩に支配され、翻弄され、自分が神の分生命であることすら忘れ、この世での時間を無駄に使っていては、人間本来の使命が果たせません。

今日まで、神の分生命である人間は、地球という物質界で、多種多様な人種や民族に分かれ、多様な環境の中で生きてきました。しかし、人間は煩悩に支配されることによって、多種多様性ゆえに不信感、差別、保身、物質優先などによって対立、争いという姿をあらわし、調和からかけ離れてきたのです。

私たちは、物質優先の価値支配から抜け出し、物質界から精神界へと、新たな次元に舵を切り、進化、発展を成し遂げる時がきているのです。

もし、これから先、価値観を変えられなかったら、人間の歴史における辛い、醜い、無慈悲な人間同士の対立、争い、殺戮といった、人間の負の遺産から何も学べないことになってしまいます。煩悩の渦のなかにいては、煩悩による問題は解決できないのです。

権力欲は、さらなる権力を欲し、恨みは、新たな恨みを生じ、怒りは、破壊を生じるだけです。これまでの無慈悲な対立、争いで傷つけあった歴史を無駄にしないためにも、人類の負の歴史を糧に、「対立から調和」へと次の新しい歴史の扉を開ける時がきているのです。

宇宙では、多様性のなかにこそ豊かな生命力があふれています。そうさせているのが「調和」なのです。調和には奪いあいはありません。豊かな交わりがあるのです。人間同士の差別、対立、争いの世界から、多様性に価値を見出し、調和の世界へと次元上昇を果たす時がきているのです。新たな扉が開こうとしています。

世界平和の祈りの実践を通して、扉を開ける多くの神人、仏、菩薩、菩薩を目指す人々があらわれるはずです。世界平和の祈りを実践している人の波動と神・仏の波動が一致し、神・仏の光明をいただく人たち、神・仏の働きをする人たちが、全世界に広がっていくことを願っています。

多様性の調和こそが、宇宙の調和にあう姿であり、神・仏の御心そのものです。多種多様な人間の関係は、多様性ゆえにそれぞれがバラバラで、対立したり争いあうものではありません。同じ神の分生命であり、根源は同じです。人々はお互いに繋がっているのです。

人間は、根源において繋がっている調和した存在です。だからこそ、多様な個性の調和こそがお互いを生かしあい、発展させていくのです。単一の民族、単一の価値観では刺激もなく、活性化も起きず、行き詰まって、発展へのエネルギーが閉ざされてしまいます。

神の子として、一人ひとりが繋がっている、調和した姿をあらわすことが、宇宙の調和に呼応し、宇宙の流れに即した生き方です。それこそ、神・仏の御心をあらわしており、大きな進歩・発展が待っているのです。

人間の魂のいきつくところ

今から約二千五百年前、お釈迦様は、「体や煩悩は空であり、人間の本質は神・仏そのものである」と悟りました。

そして空海は、「大日如来も人間も違いはない、悟っているか否かである」と説きました。

しかし、菩薩心が芽生えていない人間は、煩悩を掴み、執着して煩悩に支配され、内在している神性、仏性が蘇るのを妨げられています。霊魂の仮の宿である体や、体にまつわる煩悩は永遠ではなく、消えていくもの、空なのですから、完全に空となると、人間の本質の神性、仏性が蘇り、神・仏そのものとなります。これは、宇宙の真理に直結した人間の真の姿、真理です。

人間の本質が神・仏そのものであると悟れば、霊魂は、肉体界に生きていながら、神・仏の世界へ移行できるのです。仏陀がそうでした。

人間の肉体の寿命は、およそ八十年から百年ほどです。多くの人たちは、自分の人生は一度しかないと思っていることでしょう。

そして、裕福な家庭に生まれ、何不自由なく育つ人や、豊かな国に生まれ、医療も充実し生活も保障されている人がいる反面、貧しい家庭に育ち、医療も教育もまともに受けられないでいるような人、貧困の国に生まれ、生活の保障もなく、仕事もなく、テロ行為に走ったりする人が同時に存在するのは、おかしいことだと思っているでしょう。

七十億人以上いる人間が、豊かさや貧しさといった、生まれた環境だけでたった一度の人生が決まってしまうのは、あまりにも不平等だと感じているのではありませんか。

病に苦しんで一生を終えてしまう人、事業に失敗しても立ち直って成功した人、失敗してそのまま立ち直れないで一生を終わる人、志半ばで亡くなる人、若くして亡くなる人、天寿を全うして亡くなる人……無念のうちに一生を終えることになれば、死んでも死にきれない、もう一度人生をやり直したいと思うことでしょう。人のありさまは、あまりにも千差万別であり、一度きりの人生として見るならば、人間の一生はあまりにもはかないのです。

しかし、人生の終焉の時、後悔の念、恨みの想い、苦しみの想いなどを掴んで亡くなると、霊魂は、それらの煩悩の世界へ移行してしまいます。すなわち、輪廻の世界に入ってしまうのです。魂は、煩悩に翻弄されてしまうのです。

煩悩の渦の中にいると、煩悩の輪廻のなかで、生まれ変わり、死に変わりを繰り返します。煩悩は空であり、人間の本質は神性、仏性であって、神・仏そのものであると悟らなければ、煩悩から抜け出せず、輪廻は終わりません。

その、煩悩から抜け出す答えを出したのが、仏陀の『般若心経』です。仏陀はその経典で、人間の本質は体や煩悩ではなく仏である、と人間の真理を説いているのです。

人間はさまざまな煩悩の因果に身を置いています。ですが、神・仏に気づき、神・仏を信じることで、思い、言葉、行為に仏心があらわれ、煩悩が浄化されることで煩悩への執着が弱くなり、空となって、神性、仏性が蘇ります。そうなれば魂は煩悩から抜け出して、神・仏の世界へと移行していくのです。本当の自分は仏であると悟れば、魂は神・仏の世界に移り、輪廻転生がなくなります。

人間が悟りの境地に到達するには、煩悩のなかで何度も生まれ変わり、死に変わりを繰り返すことが必要なのでしょう。その過程で神・仏に気づき、神・仏を信じ、神・仏に全託できるようになるのです。

魂の上昇のためにさまざまな境遇の下に生まれることで魂を鍛え、煩悩から抜け出し、人間は神・仏そのものであると悟るのです。

人によっては何度も輪廻転生を繰り返すことになるでしょう。しかし、けっして諦めてはいけません。人間は心のありようによって、どこからでも救われる光が見えてきます。人間は、神の子だからです。

悪行を重ねていても、心底みずからの愚かさを悔いて謝罪し、神・仏に許しをこい、神・仏に心を向け、信じることで――全託すればなおさら――神・仏の慈悲の光が差してきます。神・仏に懺悔することによって、神・仏の光を受け入れる器ができるのです。

自分のためにという私利私欲にまみれた我を捨てて、利他のために尽くす人生に変わることが、他者が救われ自分も救われることになるのです。

キリスト、仏陀のような聖者、覚者が人々を導き救ってきたことを思い出してください。それらの聖者、覚者やその教えを魂で深く感じとり、神・仏の光をいただいて、内に光を感じましょう。それらの教えが人々の救いの道標《みちしるべ》となります。

聖者、覚者を信じ、その教えを思い、言葉、行為にあらわす人は、生まれ変わり、死に変わりを一気に超えて神・仏に近づきます。そうなれば、もう安心立命です。たとえ目の前に、困難な出来事が起こっても、それは、過去に煩悩を掴み、実行した結果として起きることですから、もう終わったことで、消えていくものであると認識すればよいのです。

煩悩を掴むのではなく、神・仏を信じ、神・仏を掴みましょう。神・仏の御心「平和」実現のために、平和の祈りを実践しましょう。祈りによって光が入り、自分や周囲の人々をも浄化していきましょう。

人によって、煩悩が消えるのは遅いかもしれません。あまりにも消えるのが遅すぎて実感できないかもしれません。しかし、諦めずに実践していくことが大事です。何年も実践していくことで、かならず、煩悩が少しずつ消えて、弱くなっていることを心でしっかり感じ取れるようになりますし、自分は菩薩だ、菩薩として世界の平和を願い、祈っている者だと強く感じられるようになります。自然と、祈りの実践者となっていることに気づくでしょう。

平和の祈りを実践している人は、まだ悟っていなくても、その人の心は、神・仏の世界に繋がっていて、神・仏の世界に入っており、祈りの功徳によって、神・仏の光明を持っているので、人の魂を救済できる祈り人になっています。菩薩の道を歩んでいるのです。

祈っている人は、神・仏の御心をあらわす存在となり、愛の光を放出し、人間界、地球、宇宙に対して、調和・平和の働きをする者となります。神・仏のような、愛の存在です。

人間の帰るところは肉体界ではありません。神・仏の世界、神のふところです。霊魂の居場所は、肉体界の煩悩ではなく、神・仏の世界なのです。そこが本来の居場所です。

煩悩に支配されて生きるのか、それとも煩悩を抜け出して神性、仏性に気づき、神・仏そのものであると悟り、神・仏の世界、神のふところに戻ろうとするのか、前者と後者では真逆であり、雲泥の差なのです。

人間の本質は体や煩悩ではなく、神性、仏性であり、神・仏そのものである、と悟った境地が神・仏の世界です。

人間は、煩悩を抜け出し、神性、仏性に気づき、神・仏そのものであると悟って、神・仏の世界、神のふところに戻っていかなくてはなりません。

外に求め奪いとる物質や欲望から逃れて、内在している神性、仏性に気づき価値を見出すことが、肉体界から神界への移行のために、人類の進歩に欠かせないのです。なぜなら、人間の真理は「人間の体や煩悩は消えていくもの、空であり、人間の本質は神の分生命であり、霊魂であり、神・仏そのものである」からです。ゆえに、人間の帰るところは神・仏の世界、神のふところなのです。

人間の霊魂が、広大な宇宙において流浪の民とならないためにも、人間の真理を自覚し、神・仏の御心（愛、調和、平和）をあらわす存在となって、使命を果たしていきましょう。地球、宇宙が愛に満ち、調和、平和となることこそ、神の子としての働きなのです。

第九章

神・仏と一体になる

煩悩と一体の自我から、神・仏と一体の神我となる

人間は、人間の真理と宇宙の真理を知り、神・仏の御心の平和顕現のために「平和の祈り」を実践することで、地球を神・仏が住める世界にするとともに、宇宙の調和、平和のために働くことが、神の子としての人間の使命です。

人間の真の姿には、欲望、苦しみ、不安、怒り、憎しみなどのさまざまな想いの煩悩はなく、神・仏の慈愛、慈悲にあふれ、神性、仏性があらわれているのです。

煩悩に支配されている私利私欲の自我には、神・仏の光が入り込まないので、真実、真理は生じません。煩悩に支配されている人間には、神の御心である平和は訪れないのです。

煩悩は、神性、仏性からは生じないのです。肉体界の欲望、怒り、憎しみ、不安、苦しみなどのさまざまな想いが煩悩なのです。煩悩に支配され、煩悩が己自身だと勘違いしていては、煩悩の世界から抜けられません。煩悩に支配されている自我から、

いくら平和、平和と言っても、いざとなれば利他よりも私利私欲を選び、他の人と対立、争いを起こしてしまうのです。煩悩に立脚し、煩悩と一体となっている自我では、いつまでたっても平和の世界は訪れません。

しかし、煩悩を空とし、神性、仏性を蘇らせれば、神性、仏性の仏心、すなわち、神我からの慈愛、慈悲の光が、神・仏の慈愛、慈悲の光と一体となり、平和を祈っているその人から平和の光が放出されていきます。

平和は、神の御心なので、必ず実現されていくのです。

平和を祈っている時に、たとえ煩悩が浮かんでも気にすることはありません。祈っている時は、神性、仏性があらわれて祈っているので、慈愛、慈悲の仏となっているからです。煩悩が浮かんでも気を取られずにいましょう。祈りの力が弱くなるのではという心配もいりません。ただ、祈りに心を向ければいいのです。

祈っている時は、祈っている人の心・魂が、煩悩の世界（肉体界）から仏の世界へと移行しています。祈っている時は、その人の心に神性、仏性が蘇り、仏があらわれているのです。

祈れば祈るほど煩悩は空となっていきます。それにつれて、神性、仏性が蘇ってきます。自分、自分という私利私欲の煩悩の自我から、神性、仏性の仏心、すなわち、神我となっていきます。その人の思い、言葉、行為もまた、神我によって、神・仏の御心（愛、調和、平和）をあらわすものになっていきます。内在している神性、仏性は、神・仏と繋がっており、神性、仏性の心、すなわち、仏心は神我なのです。神我の人は、神・仏と一体となっているので、光り輝く存在なのです。

神・仏からの借りものである地球上で、神我として、神の子としての働きをしないまま、体や煩悩に支配された自我として私利私欲に動くのは、本来の人間として本末転倒なのです。

空海の言葉「いかせ命」とは、神からいただいている、神の分生命である永遠の命を生かすということです。すなわち、神性、仏性を蘇らせ、神・仏の御心（愛、調和、平和）を地球上に、人間界に顕現することです。宇宙の真の姿である愛、調和、平和を、地上のどの時代、どの国、どの民族として生まれても、どのような状況下にあっても実現し、神・仏の御心を果たすことが人間の使命なのです。

人間によって、神・仏の御心は、時空を超えて永遠に存在することになるのです。神・仏の手足となって使命を果たすことが、神の子としての人間の自然な姿です。この働きが、神我の働きなのです。

これまでの解決の見えない人間の対立、争いなどは、煩悩から生じる自我の動きなのです。

地球・宇宙のありとあらゆるものは、神・仏のエネルギーによって生かされています。それゆえ、神我となれば、内なる神性、仏性が神・仏と繋がることで、かぎりない神・仏のエネルギーをいただけます。

人間が肉体を根源とせずに、内なる神性・仏性を拠りどころとすることが、一番大事なことです。神・仏の御心の平和の祈りを実践することが、自我が弱くなり、逆に神性、仏性が高まり、神我が芽生え、神・仏のエネルギーがその人に流れ込み、光明化していくのです。

自我から神我になるためにも、神・仏を信じ、神・仏に全託し、神・仏の御心の平和の祈りを実践することです。どこでも、誰にでもできる平易な道です。

祈りの実践によって煩悩の支配から抜け出すと、人間は、内在している神性、仏性をあらわすことに抵抗を感じなくなり、逆に、喜びを感じるようになります。神性、仏性が高まることで、神我を感じ、完全なる神我となるように努力する心が育ち、少しでも神・仏に近づこうと望み、平和の祈りを自然に実践していく力が育つのです。すべての人間がこのような存在となれれば、地球は光り輝く星になるのです。地球から宇宙に調和、平和の光を放てば、その時こそ人間は、宇宙の調和、平和に貢献できる存在となります。

神は人間を見捨てません。人間は、神の子だからです。だからこそ人間は、神・仏に感謝を忘れてはいけないのです。人間のおこないのなかでもっとも大事なことは、神・仏に感謝し、神・仏を信じ、神・仏に全託し、神・仏の御心である平和の実現を願い、平和の祈りを実践することです。

うまずたゆまず平和を祈り続け、神・仏と一体になっていきましょう。平和を祈る姿は、神我の姿であり、神・仏と一体となっているので、神・仏そのものです。

平和の祈りは、祈る人を通して、神・仏の光明を放出します。神・仏の光明によって、人類、地球が救われるのです。

平和の祈りこそ、人類にとってこの上ないほど尊いものです。平和の祈りは今日の救世主、救世の真言です。平和の祈りは、救世の平和の祈りとなるのです。

平和の祈りによって、内在している神性、仏性が蘇り、仏心の神我が芽生え、神我と神・仏が一直線に繋がり、神・仏と一体となれるのです。神・仏から無限なるエネルギーを得て、あなたもまた、地球上で愛、調和、平和をあらわす存在となるのです。

第十章

人類の新たなる夜明け（神聖なる夜明け）

人類の次元上昇

甚大なる被害をもたらし、人々に悲しみと深い傷跡を残した台風が過ぎれば、何事もなかったかのように澄んだ青空が広がります。

同様に、人間の、身勝手な醜い行為による暗い時代が過ぎれば、明るい希望にあふれた、活気に満ちた、愛くるしい子供の笑顔のような朝が訪れるのです。

そうでなければ、神性、仏性が内在している人間の世界ではないし、神の子の人間の存在意味がないのです。これまでに、神・仏から遣わされた聖者、覚者達があらわれた意味がないし、人間の手によって神・仏の世界を創らなければ、神・仏の人類救済の慈愛、慈悲を否定することになるのです。

人間は、一人では生きていけません。地球に自分一人しかいないことを想像してみてください。はたして、五十年、八十年、百年と、一人で生きていけるでしょうか。

朝がきて夜となり、また朝が来ても、自分に接触する者は誰も、何も存在しない孤独な状況が続くとしたら、あなたは耐えられますか。もし、その孤独に耐えられたとしても、自分一人しか存在しない世界に何の意味があるのでしょう。そこには、愛を分かちあうこともない、人間の使命もない、空虚で荒涼たる世界が広がるだけです。

地球上の多種多様な人間の存在は、膨大な星々、銀河、星雲などの多種多様さゆえに生命あふれている、宇宙のありようを反映しているのです。人間は、多種多様な異なる価値の持ち主同士が、自由自在に、寛容のもと、協力し、協調しあって個性を発揮し、創造力豊かに発展していくものなのです。

そして、その世界にはかならず、寛容、愛、調和が必要なのです。人間は、お互いに支えあい、共存し、共栄し、喜びを分かちあう存在です。それこそが人間の真の姿なのです。

人間は神の分生命であり、神に繋がっています。同様に、私たち一人ひとりも繋がっています。光り輝く人間一人ひとりが、今、おかれている立場で神・仏の御心をあらわすことで、その人を中心に神・仏の国となっていくのです。そのような人が多くあらわれればあらわれるほど、地球は光り輝く星（惑星）となっていくのです。地球が、宇宙に神・仏をあらわす星になり、宇宙の調和・平和に貢献するようになります。地球が神・仏そのものとなるためには、人類一人ひとりの目覚めが必要です。人類の目覚めを神・仏は待っています。

神・仏の光明と一体となって、神・仏の力をお借りし、神・仏の世界を実現していきましょう。宇宙の一員という意識を強く持って、神・仏や地球に感謝し、神・仏から遣わされた聖者、覚者達の言霊、教え、真理に心を傾けて、人間の本質を深く自覚することです。

人間は、煩悩のかたまりではなく、神の分生命、霊魂であり、神性、仏性が内在し、神・仏そのものなのです。我々人間が、煩悩を拠りどころとせず、内在している人間の本質である神性、仏性を拠りどころとして、神・仏の御心をあらわす神・仏そのものとなることが、神の子、人間の使命であり、真の姿なのです。

神・仏の御心の平和実現のために、平和の祈り、すなわち、「世界人類が平和でありますように」という平和の祈りの実践を通して、地球や宇宙に神・仏の御心の愛、調和、平和の光を放ちましょう。この実践によって人間は煩悩を卒業し、神・仏の世界に入り、次元上昇していくのです。

地球という物質界の主体は、肉体という物質を持っている人間です。主役は人間なのです。神・仏は力を貸してくれますが、物質界という地上で人間が主体的に動かなければ何も変わりません。物質界、肉体界から、神・仏の神聖なる世界に次元上昇をする主体は、あくまでも人間なのです。

私たちは、宇宙、人間の真理を知ることによって、神・仏の御心をあらわす人間、すなわち、神人となれます。宇宙の進化にあわせる時が来たのです。私たち一人ひとりの目覚めと実践によって叶うのです。

摩訶般若波羅蜜大明呪経

鳩摩羅什訳

観世音菩薩　行深般若波羅蜜時　照見五陰空　度一切苦厄　舎利弗　色空故無悩壊相　受空故無受相　想空故無知相　行空故無作相　識空故無覚相　何以故　舎利弗　非色異空　非空異色　色即是空　空即是色　受想行識亦復如是　舎利弗　是諸法空相　不生不滅　不垢不浄　不増不減　是空法非過去非未来非現在　是故空中無色　無受想行識　無眼耳鼻舌身意　無色声香味触法　無眼界乃至無意識界　無無明　亦無無明尽　乃至無老死　無

老死尽　無苦集滅道　無智亦無得　以無所得故　菩薩依般若波羅蜜故　心無罣礙　無罣礙故無有恐怖　離一切顚倒夢想苦悩　究竟涅槃　三世諸仏依般若波羅蜜故、得阿耨多羅三藐三菩提　故知般若波羅蜜　是大明呪　無上明呪　無等等明呪　能除一切苦　真実不虚　故説般若波羅蜜呪　即説呪曰

竭帝竭帝　波羅竭帝　波羅僧竭帝　菩提僧莎訶

摩訶般若波羅蜜大明呪経

般若波羅蜜多心経

玄奘三蔵訳

観自在菩薩　行深般若波羅蜜多時　照見五蘊皆空　度一切苦厄　舎利子
色不異空　空不異色　色即是空　空即是色　受想行識　亦復如是　舎利子
是諸法空相　不生不滅　不垢不浄　不増不減　是故空中無色　無受想行識
無眼耳鼻舌身意　無色声香味触法　無眼界　乃至無意識界　無無明　亦無
無明尽　乃至無老死　亦無老死尽　無苦集滅道　無智亦無得　以無所得故
菩提薩埵　依般若波羅蜜多故　心無罣礙　無罣礙故　無有恐怖　遠離一切

顛倒夢想　究竟涅槃　三世諸仏　依般若波羅蜜多故　得阿耨多羅三藐三菩提　故知般若波羅蜜多　是大神呪　是大明呪　是無上呪　是無等等呪　能除一切苦　真実不虚　故説般若波羅蜜多呪　即説呪曰

掲諦　掲諦　波羅掲諦　波羅僧掲諦　菩提薩婆訶

般若波羅蜜多心経

おわりに

神・仏そのものである人間が、権力拡大のために、力で同じ人間を支配し、自由、人権を侵害したり、己の欲望、怒り、憎しみ、不安、苦しみなどのさまざまな想い（煩悩）によって、他の人を傷つけたりする——そうした、神・仏とは真逆な姿から卒業する時がきました。

すべての人間は、内在している神性、仏性に気づき、仏心をもってみずから神・仏の御心（愛、調和、平和）を、思い、言葉、行為にあらわし、地球が神・仏の世界になるよう使命を果たす時がきたのです。

そのためには、一人二人ではなく、神・仏の道を歩む多くの人々が必要です。

それぞれのおかれた国や立場で、平和の祈りを実践し、神・仏の御心をあらわし、神・仏の光明を、同胞に、地球に、宇宙に放ち、私たちの力で、地球を愛ある、調和ある、平和ある星に蘇らせましょう。

神・仏は、人間が真の姿となるのを待っています。

二〇二一年五月吉日

伊藤恒寧

〈著者プロフィール〉

伊藤 恒寧（いとう つねやす）

1952 年、横浜市生まれ。
公立中学校の英語教師として、38 年間勤務。退職後、長年の大願「世界平和」の成就のため、『般若心経』を拠りどころとして本書を執筆。

世界平和実現のために ～新・般若心経～

2021年 8 月12日　初版第 1 刷発行

著　者　伊藤 恒寧
発行者　韮澤 潤一郎
発行所　株式会社 たま出版
〒160-0004 東京都新宿区四谷4－28－20
☎ 03-5369-3051（代表）
FAX 03-5369-3052
http://tamabook.com
振替　00130-5-94804
印刷所　神谷印刷株式会社
組　版　マーリンクレイン

ISBN978-4-8127-0450-9　C0011